幼稚園・保育園 現場の声から選ばれた **全120曲**

やさしく弾ける

保育のピアノ伴奏

新星出版社

本書の特徴

おなじみの曲
おかあさん
作詞：田中ナナ　作曲：中田喜直
1961（昭和36）年 NHK ラジオ番組「お茶のひととき」で放送されていました。「おかあさん」「なあに」と、母と幼い子どもが会話しているようなこの歌詞に、ぬくもりを感じますね。
優しくゆったりと ♩=90
このように弾くとより優しい雰囲気に
両手伴奏
18
おなじみの曲
かもつれっしゃ
作詞：山川啓介　作曲：若松正司
「じゃんけん列車」とよばれたりもします。歌いながら列車のまねをして、長い列になったり、ジャンケンをしたりして遊びましょう。大勢で歌うと、とても盛り上がります。
元気に ♩=120
左手は力強く。低音域をしっかり支えてください。列車のイメージです
片手伴奏
19

♪ ピアノ初心者が弾きやすい伴奏譜

ピアノをはじめて間がない人にとって、歌いながら弾くのはなかなか大変なことです。そこで本書では、**ピアノの初心者にも弾きやすい**ことを第一番に考えて、伴奏をつけました。音符がギューギュー詰めでは、読み取るだけでも大変ですから、基本の和音とリズムにそって、シンプルな伴奏をつけるように心がけました。

♪ 現場で人気の高い曲がいっぱい

いま保育園や幼稚園で広く歌われている、子どもたちにも指導者にも**大人気の曲を集めました**。だから、わらべうたから、いわゆる定番の曲、最新アニメのテーマソング、そして卒園などの行事に欠かせない名曲まで、バランスよく収録しています。

① 伴奏アレンジのヒントもいっぱい

ピアノの伴奏に慣れてくると、少しアレンジしてみたくなることもあるでしょう。本書では**「こんな伴奏のしかたも、楽しいですよ」**というアレンジのしかたを、曲によっては数フレーズ、挿入する形で紹介しています（赤で表記）。弾いてみて、気に入るのはどちらでしょうか。アレンジの伴奏のほうも併せて弾くうちに、ピアノ伴奏の腕前が自然に上がってくることもあるでしょう。楽しくどんどん弾きましょう。

② 効果的な伴奏のしかたをポイント解説

はずむように音を短く切って（スタッカート）弾いたり、優しい雰囲気でなめらかに（レガート）弾いたり、曲の雰囲気が盛り上がる伴奏ができれば、子どもたちも大ノリ！　はじめのうちは音符通り正確に弾くことだけに気が向いてしまいがちですから、**演奏のしかたについても、短い解説を入れました**。ちょっとした気配りで、ピアノ伴奏がとてもイキイキしたものになります。

本書の曲のグルーピングについて

おなじみの曲	いまの子どもたちはもちろん、子どもたちのお父さん・お母さんも歌いなじんだ、おなじみの曲。
園児の曲	保育園・幼稚園の日課や、入園式、卒園式などの行事に欠かせない、みんなで歌いたい曲。
季節の曲	四季折々に歌い、後世へ伝え続けたい曲。大人と一緒に歌うことで、子どもたちの思い出の数も増えます。
あそびの曲	身ぶり手ぶりで遊べる楽しい曲。レクリエーションや、子どもたちが落ち着かないときなどに。
大好き！な曲	比較的新しい人気曲、とにかく元気が出る曲、愉快な曲、アニメソングをぎゅっと集めました。

③ 曲の由来や作詞家、作曲家にまつわる解説も掲載

作詞・作曲家が込めた思いや時代背景などがわかると、曲へのイメージがよりふくらみ、「こんなイメージの弾き方はどうだろう」と、伴奏の幅も広がります。**子どもたちに伝えたいエピソード**も見つかるでしょう。せっかくの機会ですから、歌詞も曲想も、歌うことも伴奏することも、まるごと楽しみましょう。元気に、楽しく、Let's ピアノ伴奏！

④ コードネームや指番号付き

各曲に**コードネーム**を付けていますので、和音（コード）をもとにオリジナルの伴奏をつけたい場合や、ギター演奏をする際などの参考にしてください。また、ピアノ伴奏の指遣いの参考になるように、**指番号**も要所要所に入れています（P6参照）。

＊指番号は参考のために入れています。自分が弾きやすい指を使ってもいいでしょう。

⑤ 超カンタン！ に弾けるアドバイスも

「指３本を同時に使って和音を弾くのも難しい」ということも、あるかもしれませんね。本書では、たとえば**左手の指１本で伴奏が付けられる曲**（P19「かもつれっしゃ」など）もありますし、右手の和音を弾く回数を減らす（P28「しゃぼん玉」）などの、**具体的なアドバイス**をできるだけ入れて、ピアノの初心者にも弾きやすいように工夫をしています。とりあえず弾きやすい曲からはじめて、だんだんにピアノの腕前を上げていくような使い方もできます。

⑥ 片手伴奏と両手伴奏の２タイプ

曲想により**右手でメロディー・左手で伴奏を弾く**ものと、**両手で伴奏を弾くもの**の、２タイプを載せています。両手伴奏のほうが、実は演奏がかんたんなことが多いですから、いろいろな曲を弾いて試してみましょう。たとえば、**〈弾き歌い〉が課題の「保育士（資格）試験」**などでは、市販の楽譜を用いる場合、伴奏の付け方に特に指定はありませんから、どちらが自分をアピールできるか、前もって把握しておくとより自信が持てるでしょう。

もくじ

おなじみの曲

園児の曲

季節の曲

あそびの曲

大好き！な曲

STAFF

カバーイラスト・装丁 La zoo
本文イラスト Hal.
本文デザイン・編集協力 リュクス

超ビギナーさん向け！　やさしいピアノ伴奏のコツ

♪弾きやすいポジションが大切

ピアノを弾くとき、とくに初心者は弾きやすい姿勢を保つことが大切です。ポイントは背筋を伸ばして肩の力を抜き、手首からひじにかけてのラインをほぼ水平に保つこと。この姿勢がピアノ演奏によいとされています。必要であれば、イスの高さを調節します。そして、手のひらに卵をそっと持つようなイメージ（またはグーから半分くらい開いた形）で両手指先が鍵盤に触れるようにします。弾くときは、右図の指の位置で鍵盤を打ちます。注意したいのは、手首が鍵盤の手前下に落ちてしまわないようにすること。右足は右のペダルにおきましょう。

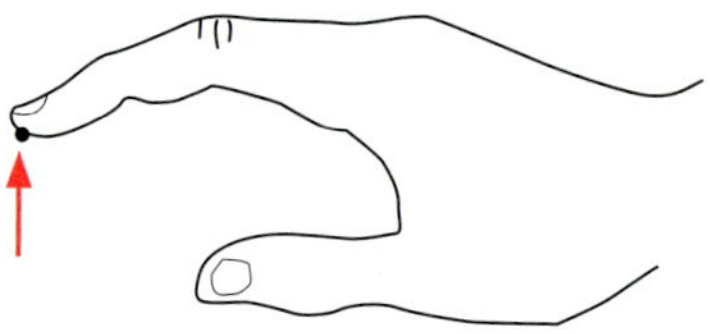

♪ト音記号・ヘ音記号と指番号を覚える

ト音記号（右手）・ヘ音記号（主に左手）の音符と鍵盤の関係を覚えましょう。基本はかんたんです。左手で、続けて右手で「ドレミファソラシド」と弾いてみましょう。このとき、基本の指遣い（１オクターブ）もいっしょに覚えましょう。指番号は両手とも、親指：１、人差し指：２、中指：３、薬指：４、小指：５となります。本書では初心者のために、「ここは◯の指で弾くと、後がラクに弾けますよ」というところに、指番号を入れています。

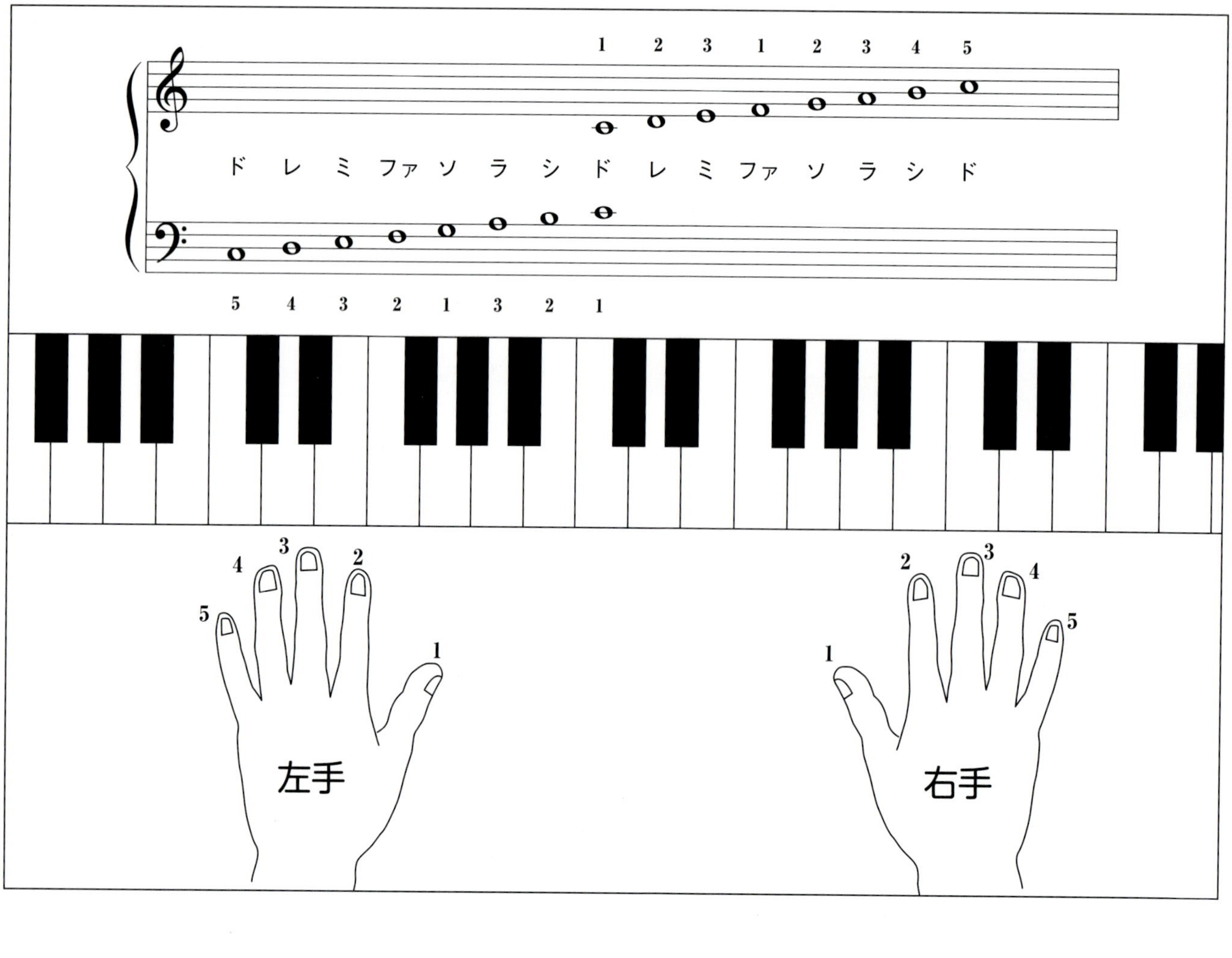

♪ 1音で伴奏してみる

両手で弾くことが難しく感じられるときは、最初に右手、次に左手、そして両手で弾くというように、順番に練習してもいいでしょう。ここでは、1拍ごとに1音（左手）で伴奏する例を取り上げています。ヘ音記号の場合、最初の音符の階名（ドレミ……）が何か、はじめはとまどうかもしれませんので、本書では伴奏のはじめの音などに階名を付けています。曲のカウント（拍子）に合わせながら、ゆっくり弾いてみましょう。どうですか。かんたんですね。

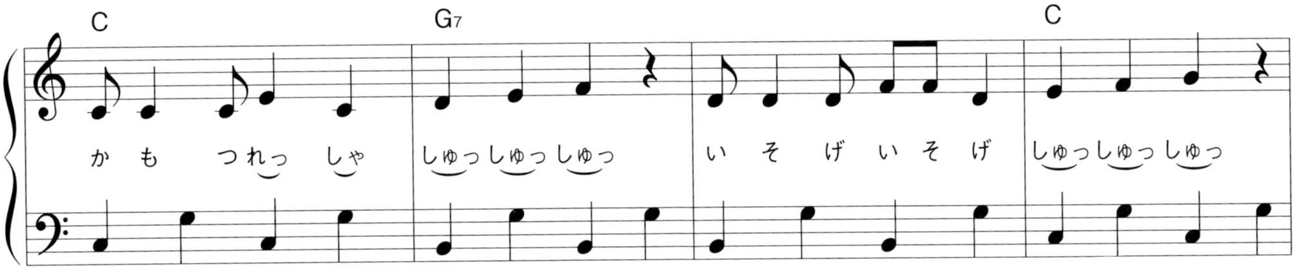

♪ 2音で伴奏してみる

それでは左手の指2本を同時に使い、2音で伴奏してみましょう。音に深みが出てきましたね。

♪ 三和音で伴奏してみる

左手の指3本を同時に使い、3音で伴奏してみましょう。これが通常の三和音による伴奏ですが、2音の伴奏と、とくに弾き方の違いがあるというわけではありません。

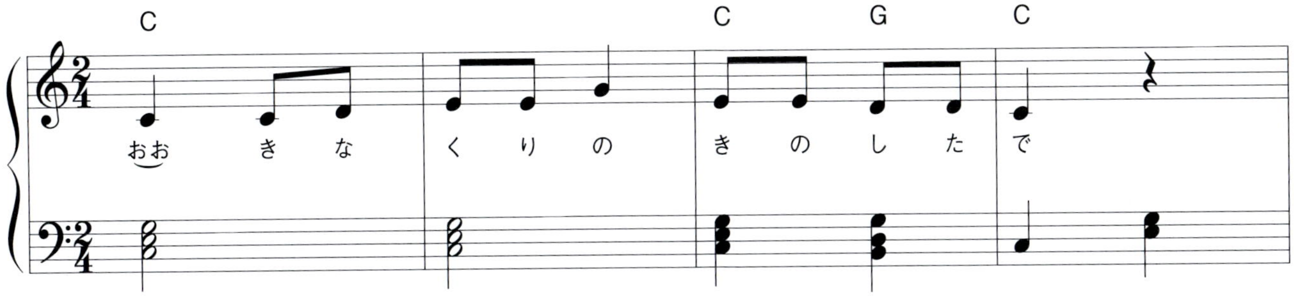

♪三和音を分けて弾いてみる

三和音の3つの音を同時にジャーンと弾くのではなく、それぞれの音を分けて弾くのも伴奏のしかたとしては一般的です。たとえば、指3本で同時に「ドミソ」の鍵盤を打つのではなく、「ド→ミ→ソ」 あるいは「ド→ソ→ミ→ソ」 などと弾く方法です。指遣いに慣れれば、こちらのほうが弾きやすいこともあるでしょう。

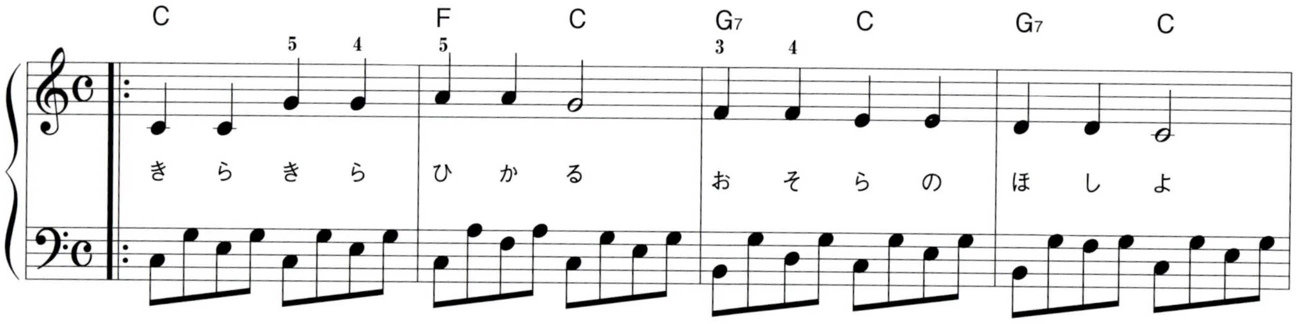
C F C G7 C G7 C
き ら き ら ひ か る お そ ら の ほ し よ

♪両手伴奏で弾いてみる

さあ、両手伴奏にチャレンジしてみましょう。といっても、これまでと比べて、とくに難しくなるというわけではありません。あせらなくても大丈夫です。下の例は、右手で三和音を、左手で各コードの根音（ルート音）を弾く伴奏の例です。左手は1音、右手は三和音。ここまでやってきた伴奏法の、組み合わせですね。

C C C G7
は る が き た は る が き た ど こ に き た
は な が さ く は な が さ く ど こ に さ く
と り が な く と り が な く ど こ で な く

両手伴奏の曲であっても、右手はメロディー、左手は根音(和音を構成している１番下の音)を弾いたりすることもできます。このとき、左手の指を大きく開いて、親指と小指で1オクターブの音を弾いてもいいですね。ときどき、気の向くままにマイ・アレンジを試してみて、とにかく楽しく弾きましょう。

♪伴奏パターンに慣れる

好きな曲を弾いているうちに、基本的な伴奏パターンがアタマに入り、指もだんだんに慣れてくるものです。ここでもう一つ、簡単な左手伴奏のパターン（三和音を1音と2音で弾く）を取り上げておきましょう。ピアノ伴奏は、なにより慣れるということが大切です。最初はゆっくりでもかまいませんから、ピアノの前に座る回数をなるべく多くしましょう。

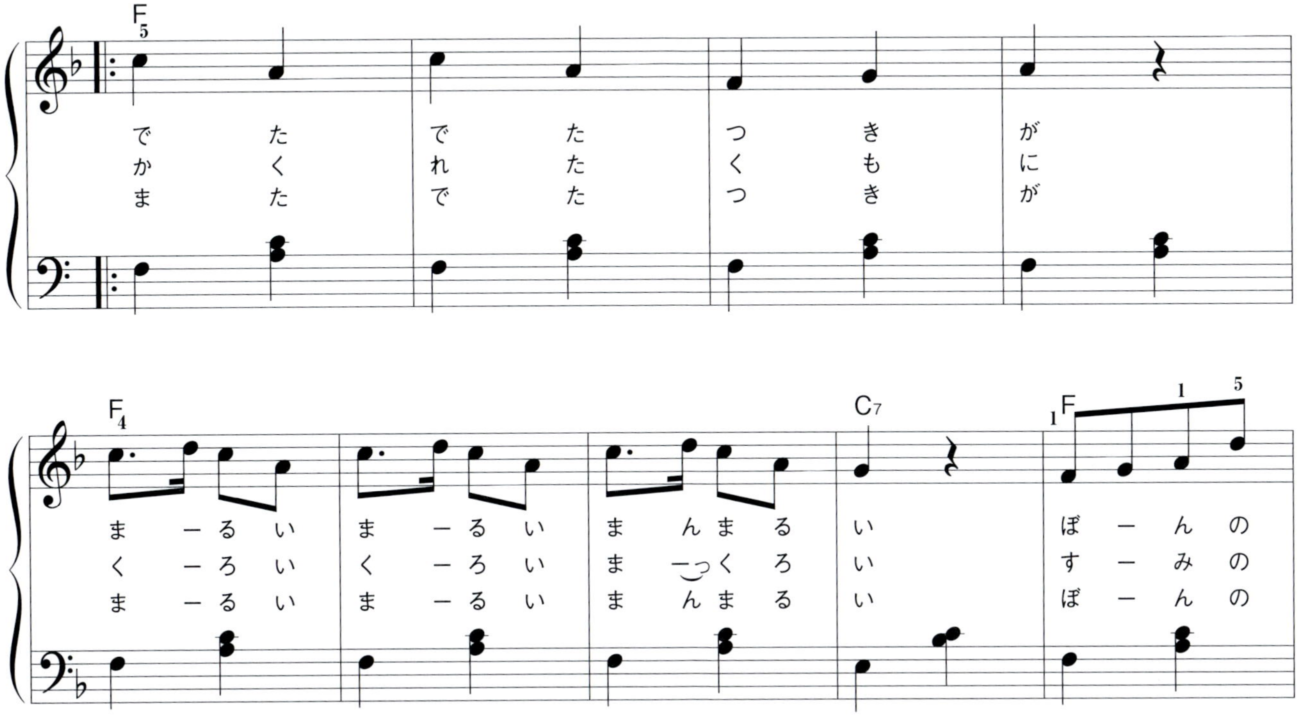
F
5
で　た　で　た　つ　き　が
か　く　れ　た　く　も　に
ま　た　で　た　つ　き　が
F
4
C7
F
1
1
5
ま　ーる　い　ま　ーる　い　ま　ん　ま　る　い　ぼ　ー　ん　の
く　ーろ　い　く　ーろ　い　ま　ーっ　く　ろ　い　す　ー　み　の
ま　ーる　い　ま　ーる　い　ま　ん　ま　る　い　ぼ　ー　ん　の

おなじみの曲

いぬのおまわりさん

作詞：佐藤義美　作曲：大中 恩

1960（昭和 35）年『チャイルドブック』に発表。作詞者である佐藤義美は、横浜第二中学校に通っていたころより詩や童謡を創作し、早稲田大学国文科在学中には童謡作家として活躍していました。63 歳の生涯で 3,000 点以上の作品を残してます。

♩=106
A7
D
A7
ダイナミックに歯切れ良く、コミカルな気分で
このように根音《こんおん》（ルート音）*1を打ってもいい
1.まいごのまいごの　こねこちゃん　あなたのおうちは
2.まいごのまいごの　こねこちゃん　このこのおうちは
どこですか　おうち　をきいても　わからない　なまえ　をきいても
どこですか　からす　にきいても　わからない　すずめ　にきいても

＊1 和音を構成している１番下の音

わからない
わからない
ニャンニャンニャンニャーン ニャンニャン ニャンニャーン ないてばかりいる
歌と同じタイミングで楽しく強調しましょう
こねこちゃん いぬの おまわりさん こまってしまって
省略しても可
ワンワンワンワーン ワンワンワンワーン
歌と揃えて楽しく強調しましょう
歯切れよく

*2 アルペッジョ（arpeggio）和音の各音を同時にではなく、順番に演奏する奏法　*3 フェルマータ（fermata）音符または休符を十分に延ばす。延長記号

おなじみの曲

大きな古時計

作詞：H・C・ワーク　訳詞：保富康午　作曲：H・C・ワーク

アメリカを代表する作曲家ワークは、公演で渡英した折、宿泊したホテルのロビーに置かれた古時計がもつ不思議なエピソードを聞きました。それをもとに、この曲が誕生したといわれています。現在でもこのホテルでは、この時の古時計が展示されています。

♩=86
G D G G D G Am
＊1
1. おおきなのっぽのふるどけいおじ
ねんいつもうごいーていたごじ
2. なんでもしってるふるどけいおじ
いなはなよめやってきたその
3. まよなかにベルがーなったおじ
かれのときがきーたのをみな
シ ソ レ
シ ソ レ
シ #ファ レ
弾ける方はこのように
1. 3. 5.
2. 4. 6.
G D7 G G G
いさんのとけい ひゃく
まんのとけいけい さ おじいさんのうま
いさんのとけい きれ
ひもうごいて た うれしいこともかな
いさんのとけい おわ
におしえたの さ てんごくへのぼる

C G D7 G D
れたあさにかってきたとけいさ
しいこともみなしってるとけいさ
おじいさんとけいともおわかれ
いまはもう
G C G D G G D
うごかないそのとけい
ひゃくねんやすまずに
G G D7 G G D7
チクタクチクタクおじいさんといっしょにチクタクチクタクいまはもう
E7 Am G D7 G
うごかないそのとけい
レシ#ソミ
ミドラミ
D.S.*2

*1 セーニョ (segno) *D.S.* からこの記号に戻り演奏する　*2 ダル・セーニョ (dal segno) 𝄋 まで戻り、fine またはフェルマータまで演奏する

おなじみの曲

おもちゃのチャチャチャ

作詞：野坂昭如　補詞：吉岡 治　作曲：越部信義

童謡としてではなく、音楽バラエティー番組のために制作されたものが、後に子ども向けに補作されました。1962（昭和37）年NHKテレビ番組『うたのえほん』に発表。歌詞にある「トテチテタ」は、軍隊ラッパの音を表しています。

元気に　♩=110

G7　D7　G7　C　C　Am
1.〜5. おもちゃのチャチャチャ
省略しても可
"Cha-Cha" のリズムパターンです
ド ファ
ソ
難しければ左手の２拍目裏は省略してもいいですが、
入れるとリズムの乗りがぐっと良くなります
Dm7　G7　G7　D7　G7　C
おもちゃのチャチャチャ　チャチャチャ　おもちゃの　チャ　チャ　チャ
ソ ファ シ
ラ #ファ ド
レ
ソ
C　Dm7
そらにキラキラ　おほしさま　みんなすやすや
なまりのへいたい　トテチテタ　ラッパならして
とんぼみたいな　ヘリコプター　ぐんとはやいな
きょうはおもちゃの　おまつりだ　みんなたのしく
そらにさよなら　おほしさま　まどにおひさま
ファ ド ラ
ソ
ラ

D7 G7 F Em7 Am
ねむるころ おもちゃはこを とびだして
こんばんは フランスにんぎょう すてきでしょ
ジェットきは サイレンなれば はっしゃです
うたいましょ こひつじメエメエ こねこはニャー
こんにちは おもちゃはかえる おもちゃばこ
ラ #ファ ド
ソ ♮ファ シ
4 ソ
ファ
ミ
ラ
G7 D7 G7 C C Am
おどるおもちゃの チャ チャ チャ
はなのドレスで チャ チャ チャ
うちゅうロケット チャ チャ チャ
こぶたブースカ チャ チャ チャ
そしてねむるよ チャ チャ チャ
おもちゃの チャチャチャ
mf
ソ
歌と合わせてリズミカルに
Dm7 G7 G7 D7 G7 C
おもちゃのチャチャチャ チャチャチャおもちゃの チャ チャ チャ
ソ ファ シ
f
5 レ
2 ソ
2

おなじみの曲

おんまはみんな

訳詞：中山知子　アメリカ民謡

アメリカ民謡「OLD GLAY MARE」がもととなっています。リズムに合わせて、身体を揺らしながら歌ってみましょう。幼い子どもは、大人がひざの上にのせるなどして揺らしてあげてもいいですね。

リズムに乗って　♩=120
スイング！
注意！
C7　F　C7　F　F
1. おんまはみんな　ぱっぱかはしる
2. こぶたのしっぽ　ちょんぼりちょろり
mf
左手はベースラインだけ弾く方法もあります
軽やかに弾きましょう
C7　F　F
ぱっぱかはしる　ぱっぱかはしる　おんまはみんな　ぱっぱかはしる
ちょんぼりちょろり　ちょんぼりちょろり　こぶたのしっぽ　ちょんぼりちょろり
C7　F　F　B♭　F
どうしてはしる　どうしてなのか
どうしてちょろり　どうしてなのか
mp

F B♭ F C7 F
だれもしらない だけどおんまはみんな ぱっぱかはしる
だれもしらない だけどこぶたのしっぽ ちょんぼりちょろり
mf
C7 F F
ぱっぱかはしる ぱっぱかはしる おんまはみんな ぱっぱかはしる
ちょんぼりちょろり ちょんぼりちょろり こぶたのしっぽ ちょんぼりちょろり
C7 1. F C7 F 2. F C7 F
おもしろいね
おもしろい ね

＊フェルマータ（fermata）音符または休符を十分に延ばす。延長記号

おなじみの曲

おかあさん

作詞：田中ナナ　作曲：中田喜直

1961（昭和 36）年 NHK ラジオ番組『お茶のひとときき』で放送されていました。「おかあさん」「なあに」と、母と幼い子どもが会話しているようなこの歌詞に、ぬくもりを感じますね。

優しくゆったりと ♩=90
C F G7 C C Am
mp
1. 2. おかあさん なあに
このように弾くと
より優しい雰囲気に
F Em Dm G7 C G7
おかあさん て いいにおい
せんたくしていた においでしょ
おりょうりしていた においでしょ
C F G7 C C F G7 C
しゃぼんのあわ の においでしょ
たまごやきー の においでしょ
rit.

おなじみの曲

かもつれっしゃ

作詞：山川啓介　作曲：若松正司

「じゃんけん列車」とよばれたりもします。歌いながら列車のまねをして、長い列になったり、ジャンケンをしたりして遊びましょう。大勢で歌うと、とても盛り上がります。

元気に ♩=120
G7 C
ソ
シ
C G7
1. 2. かもつれっしゃ　しゅっしゅっしゅっ
シ
左手は力強く。低音域をしっかり支えてください。
列車のイメージです
C C7
いそげいそげ　しゅっしゅっしゅっ　こんどのえきで
そっちへゆくぞ
シ
F G7 C
しゅっしゅっしゅっ　つもうよにもつ
しゅっしゅっしゅっ　ゆずれよせんろ
ガッチャン
ラ
シ

おなじみの曲

かたつむり

文部省唱歌

わらべ唄を基礎として作られたとされています。1911（明治44）年『尋常小学校唱歌（一）』に発表。「でんでん」とは、子どもたちが、この虫に貝の背から「出よ出よ」と呼びかけた言葉が訛ったものと考えられています。

のんびりと ♩=90

C
C G7
C
C
1. で ん で ん む し む し
2. で ん で ん む し む し
G7
C
か た つ む り お ま え の
か た つ む り お ま え の

＊フェルマータ（fermata）音符または休符を十分に延ばす。延長記号

おなじみの曲

かわいいかくれんぼ

作詞：サトウハチロー　作曲：中田喜直

作詞者のサトウハチローに、NHK ラジオ番組『うたのおばさん』制作部より新作依頼があり創作されたようです。サトウはこの曲を童謡集『叱られぼうず』（1953 年／全音楽譜出版社）に収めています。

おなじみの曲

きらきらぼし

訳詞：武鹿悦子　フランス民謡

18世紀にフランスで流行した「Ah! Vous dirais-je, Maman」という恋の歌に、まったく違った詞がつけられ童謡として世界中に広まりました。また、この恋の歌を主題にしたモーツァルト作曲のピアノ曲「きらきら星変奏曲」も多くの人に愛されています。

可愛く ♩=100
右手のメロディーはオクターブ上も一緒に弾くと華やかになります。チャレンジ！
C G7 C G7 C F C
ソ ド シ シ
1. 2.
きらきら ひかる
G7 C G7 C C G7 C G7
シ ファ
おそらの ほしよ
まばたき しては
みんなの うたが
C F D7 G7 C F C
レ シ
みんなを みてる
とどくと いいな
きらきら ひかる
1. 2.
G7 C C C
おそらの ほしよ ほしよ
*2
rit. *1

*1 ritardando（リタルダンド）だんだん遅く　*2 フェルマータ（fermata）音符または休符を十分に延ばす。延長記号

おなじみの曲

こぎつね

訳詞：勝 承夫　ドイツ民謡

日本では何とも愛らしい小ぎつねの様子が歌われている曲ですが、原曲のドイツ民謡では、ガチョウを盗んだキツネに「鉄砲でお前を撃つぞ」と言っています。

♩=100
G7 C G C
ソ
ソレ ソド ソシ
C F C
ド
1.～3. こ ぎ つ ね こん こん
やまのな か
ふゆのや まか
あなのな か
弾ける方はここを8分音符で
F C G7 C G
やまのな か くさのみ つぶして おけしょう
ふゆのや まか かれはの きものじゃ ぬうにも
あなのな か おおきな しっぽは じゃまには
レソ ソド
C G7 C G C
したり もみじの かんざし つげのく しし
ぬえず きれいな もようの はなもな しし
なるし こくびを かしげて かんがえ る
レソ

おなじみの曲

ことりのうた

作詞：与田準一　作曲：芥川也寸志

1954（昭和29）年発表。作詞者の与田準一の母校である、下庄小学校（福岡県みやま市瀬高町）に歌碑が建てられています。作曲者の芥川也寸志は、文豪 芥川龍之介の三男。幼少から父の遺品であるレコードを聴き、音楽の才能の片鱗を見せていたそうです。

かわいらしく ♩=110
1.ことりはとってもうたがすき かあさんよぶのもうたでよぶ
2.ことりはとってもうたがすき とうさんよぶのもうたでよぶ
ぴぴぴぴぴ ちちちちち ぴちくりぴい
右手は軽く短めに弾きましょう
オクターブ上で弾いても可愛い。
その場合、左手は省略
歌に合わせて抑揚にバリエーションをつけるといい

おなじみの曲

サッちゃん

作詞：阪田寛夫　作曲：大中 恩

1959（昭和 34）年 NHK ラジオ番組『うたのおばさん』で新曲として発表されました。作詞者の阪田寛夫と作曲者の大中 恩は、従兄弟どうし。『サッちゃん』は、阪田が子どものころ近所に住んでいた少女のことを歌った歌。

穏やかに ♩=85

F
ファ ド ラ 5 2 1
5 ファ
F Dm7 F
1. サッ ちゃん は ね サ チ コ って
2. サッ ちゃん は ね バ ナ ナ が
3. サッ ちゃん が ね と お く へ
ファ ド ラ
ファ
左手をこのように弾き、右手はメロディーを弾くのもいいですね
Gm7 F C7
い う ん だ ほん と は ね
だ い す き ほん と だ よ
いっ ちゃ うっ て ほん と か な
ファ レ ♭シ 5 3 1
ソ ミ ♭シ
4 ソ
ファ
ド

F Dm7 B♭
だ け ど ちっ ちゃ い か ら じ ぶ ん の こ と
だ け ど ちっ ちゃ い か ら バ ナ ナ を
だ け ど ちっ ちゃ い か ら ぼ く の こ と
Gm7 C7
サッ ちゃん て よ ぶ ん だ よ お か し い
はんぶん し か たべら れ な い の か わい そ う
わす れ て し ま う だ ろう さ び し い
1. 2. 3.
B♭ F F
な サッ ちゃん
ね サッ ちゃん
な サッ ちゃん
rit. ＊1
＊2

＊1 ritardando（リタルダンド）だんだん遅く　＊2 フェルマータ（fermata）音符または休符を十分に延ばす。延長記号

おなじみの曲

しゃぼんだま

作詞：野口雨情　作曲：中山晋平

しゃぼん玉遊びは、江戸時代には身近なものとなっていたようです。野口雨情の詩は 1922（大正 11）年、児童雑誌『金の塔』に掲載。これに中山晋平が作曲し、翌年、中山の作品集『童謡小曲』（山野楽器店）で発表されました。

緩やかに ♩=72

G7 F G7 C
と ん で こ わ れ て き え た
す ぐ に こ わ れ て き え た
F C C
か ぜ か ぜ ふ く な しゃ ぼ ん だ ま
G7 C C G7 C
と ば そ
rit. *1
*2

*1 ritardando（リタルダンド）だんだん遅く　*2 フェルマータ（fermata）音符または休符を十分に延ばす。延長記号

おなじみの曲

ゴリラのうた

作詞：上坪マヤ　作曲：峯 陽

ゴリラが胸を音を出してたたく様子や、果実を食物とすることが表された歌詞です。幼い子どもにも分かりやすいでしょう。ジャングルをイメージし、胸をたたいてゴリラの真似をしながら歌ってみましょう。

元気に　♩=105

B♭ C7 F F C7 B♭ C7 F B♭ F B♭ C7 F
レ ド
1.ゴ リ ラ は エッ ホッ ホ む ね を た た いて エッ ホッ ホ ア フ リ カ の ジャン グル で む ね を た た いて エッ ホッ ホ
2.ゴ リ ラ は エッ ホッ ホ バ ナ ナ た べ て エッ ホッ ホ ア フ リ カ の ジャン グル で バ ナ ナ た べ て エッ ホッ ホ
♭シ レ ♭シ ミ ラ ファ
歌詞（鳴き声？）と揃えて楽しく
左手を単音のベースラインにして、のしのしとジャングルを歩く雰囲気を出すのもいい

おなじみの曲

すうじのうた

作詞：夢 虹二　作曲：小谷 肇

1 から 10 の数字の形を物や動物に例えたこの歌は、昔も今も、幼稚園や保育所などで幼児に歌われています。作詞者の夢 虹二は 18 年間、日本童話協会事務局長を務めていた人物です。

C G7 C C F C
ド
1. すうじの いちは なあに
2. すうじの にーは なあに
3. すうじの さんは なあに
4. すうじの しーは なあに
5. すうじの ごーは なあに
6. すうじの ろくは なあに
7. すうじの しちは なあに
8. すうじの はちは なあに
9. すうじの きゅうは なあに
10. すうじの じゅうは なあに
ソ ミ ド
シ ソ レ
弾ける方はこのように
1. 2. 3. 4. 5. 6. 7. 8. 9.
10.
Am G7 C G C C
こうばの えんとーつ
おいけの がちょーう
あかちゃんの おみーみ
かかしの ゆみーや
おうちの かぎーよ
たぬきの おなーか
こわれた ラーッパ
たーなの だるーま
おーたま じゃくーし
えんとつと おつきさま

おなじみの曲

線路はつづくよどこまでも

訳詞：佐木 敏　アメリカ民謡

原曲は、西部開拓時代のアメリカ、大陸横断鉄道建設現場で工夫達が歌ったものがはじまりといわれています。1955（昭和 30）年に日本でも紹介されました。後に、現在の歌詞がつけられ、童謡として広く歌われるようになりました。

元気に力強く ♩=120
スイング！
注意！
C G D7
G G
1.せ ん ろ は つ づ く よ
2.せ ん ろ は う た う よ
しっかりと和音を鳴らして重厚に。機関車のイメージです
C G G
ど こ ま で も の を こ え や ま
い つ ま で も れ っ しゃ の ひ び

A7 D7 D7
こえたにこえて はるかなまち
きをおいかけて リズムにあわ
ソ レ シ
ソ #ド ラ
#ファ ド ラ
ソ ラ レ
G G7 C Cm B7 C
までぼくたちの たのしいたび
せてぼくたちも たのしいたび
ソ レ シ
#ファ レ シ
#ファ #レ ラ
ソ シ
1. 2.
G D7 G G
のゆめつないでる
のうたうたおうよ
ソ レ シ
#ファ ド ラ
ソ

おなじみの曲

手のひらを太陽に

作詞：やなせ・たかし　作曲：いずみたく

1961（昭和 36）年 NET テレビ『ニュースショー』で発表。作詞者やなせ・たかしの詩集『愛する歌』にも収められています。小学校の国語教科書にも掲載されました。

元気に ♩=110
B♭7
E♭
1.ぼ くら は み ん な
2.ぼ くら は み ん な
い きて い る
い き て い る か ら
う たう ん だ
わ らう ん だ
ぼ くら は み ん な
い きて い る
い き て い る か ら
左手は根音《こんおん》（ルート音）*1 と5度*2 を弾きます

*1 和音を構成している1番下の音　*2 音程を表す単位。同じ高さにある音どうしを1度（同度）、隣り合った音は2度と数える

E♭ E♭7 A♭ E♭
かなしいんだ
うれしいんだ
てのひらをたいように
ソ ♭ミ ♭シ
ソ ♭レ ♭シ
♭シ
ラ
ミ
B♭7 E♭ Cm
すかしてみればまっかに
ファ レ ♭ラ
♭シ ファ
ソ
E♭ F7 B♭7
ながれるぼくのちしお
みみず
とんぼ
ソ ♭ミ ♭シ
ファ ♭ミ ♮ラ
♭ミ ♭シ
ファ

E♭ B♭7
だって おけら だって あめんぼ だって
だって かえる だって みつばち だって
ソ ♭ミ ♭シ
ファ レ ♭ラ
E♭ E♭7 A♭ E♭ B♭7 E♭
て
て
みんな みんな いきているんだ
歌とそろえて歯切れよく
1. 2.
B♭7 E♭ E♭ B♭7 E♭
ともだちなんだ
だ
*3

*3 フェルマータ (fermata) 音符または休符を十分に延ばす。延長記号

おなじみの曲

ぞうさん

作詞：まど・みちお　作曲：團 伊玖磨

1949（昭和24）年、インドの初代首相ジャワハルラール・ネルーから、象のインディラが日本の子どもたちへ送られました。上野動物園で行われたインディラ来日の催しでは、作曲者である團 伊玖磨が指揮し、この曲が歌われました。

ゆったりと　♩=85

F
F
1.ぞ う さん ぞ う さん
2.ぞ う さん ぞ う さん
ファ ド ラ
mp
ファ
3拍子のリズムをしっかり意識しましょう
F Gm7 C7 F Dm
お は な が な が い の ね そ う よ か あ さん も
だ ー れ が す き な ー の あ の ね か あ さん が
ファ ド ラ
ファ レ ♭シ
ミ ♭シ ソ
ファ レ ラ
ファ ソ レ
1. 2.
Gm7 C7 F F
な が い の よ
す き な の よ
*2
*1
ファ レ ♭シ
ミ ♭シ ソ
ファ ド ラ
ソ ファ

*1 アルペッジョ（arpeggio）和音の各音を同時にではなく、順番に演奏する奏法
*2 フェルマータ（fermata）音符または休符を十分に延ばす。延長記号

おなじみの曲

ドレミのうた

作詞：O. ハマースタイン２世　日本語詞：ペギー葉山　作曲：R. ロジャース

映画化もされたミュージカル『サウンド・オブ・ミュージック』に使われた曲。劇中にあるように、子どもたちがドレミと音階を覚えるのにぴったり。英語原詞では、doe（ド）は Deer（鹿）といったように、それぞれの音名に似た発音の単語を当てているようです。

明るく元気に　♩=128

C　G7　C
ペダルを使って華やかに弾きましょう
*2
*1 C　G7
1.𝄋ド は ド― ナ ツ の ド レ は レ モ ン の
2.ど ん な と き に も れ つ を く ん
simile*3
きびきびとスピード感のある伴奏を。しかし、走って（テンポが早くなってしまう）はいけません
C
レ ミ は み ん な の ミ
で み ん な た の し く

*1 セーニョ（segno）*D.S.* からこの記号に戻り演奏する　*2 𝆮 から右ペダルを踏み、✽ ではなす
*3 シーミレ（simile、simili）同様に、続けて。ここではスタッカートを続けるの意になる

DO-RE-MI
Lyrics by Oscar Hammerstein II Music by Richard Rogers

*3 音程を表す単位。同じ高さにある音どうしを 1 度（同度）、隣り合った音は 2 度と数える　*4 フェルマータ（fermata）音符または休符を十分に延ばす。延長記号

C G7 C G7
ソ ド ラ ファ ミ ド レ
(ド ミ ミ) (ミ ソ ソ) (レファ ファ) (ラ シ シ) (ド ミ ミ) (ミ ソ ソ) (レファ ファ) (ラ シ シ)
ソ ファ シ
ソ
C Dm7 G7 C G7 C
ソ ド ラ シ ド レ ド
(ド ミ ミ) (ミ ソ ソ) (レファ ファ) (ラ シ シ)
ソ ファ シ
ソ ラ ソ レ
D.S.
ダル・セーニョ（dal seigno）𝄋まで戻り、
fine またはフェルマータまで演奏する
𝄌 Coda D.S.でくり返されたあと、to 𝄌 からとびます
C C G7 C
しょう
ドレミファソラシ ド ソ ド
2 3 1
ff
ソ
このように6度*3の音程で
弾けるとなおいい

おなじみの曲

とけいのうた

作詞：筒井敬介　作曲：村上太朗

「コチコチカッチン」と耳に残るフレーズですね。作詞をした筒井敬介は児童文学作家、脚本家としても活躍。童話『かちかち山のすぐそばで』では、産経児童出版文化賞、国際アンデルセン賞優良賞を受賞しています。

おなじみの曲

とんぼのめがね

作詞：額賀誠志　作曲：平井康三郎

1949（昭和 24）年 NHK ラジオ放送『幼児の時間』で発表。作詞者の額賀誠志は、無医村であった福島県双葉郡広野村（現広野町）で内科医院を開業していました。往診へ行ったとき、とんぼを追う子どもたちを見て、この詞が作られたといわれています。

♩=112
1.～3. とんぼのめがねは
みずいろめがね
ぴかぴかめがね
あかいろめがね
あーおいおそらを とんだから とんだから
おてんとさーまを みてたから みてたから
ゆうやけぐーもを とんだから とんだから
ミドソ
ファドラ
ソファシ
ソ
ド

弾ける方はこのように

七つの子

作詞：野口雨情　作曲：本居長世

1921（大正 10）年に発表。1954（昭和 29）年、映画『二十四の瞳』（壺井 栄原作・木下恵介監督）で歌われ流行しました。野口雨情は民謡パンフレット『朝花夜花』に短詩「山がらす」を書いており、これがもととなったといわれています。

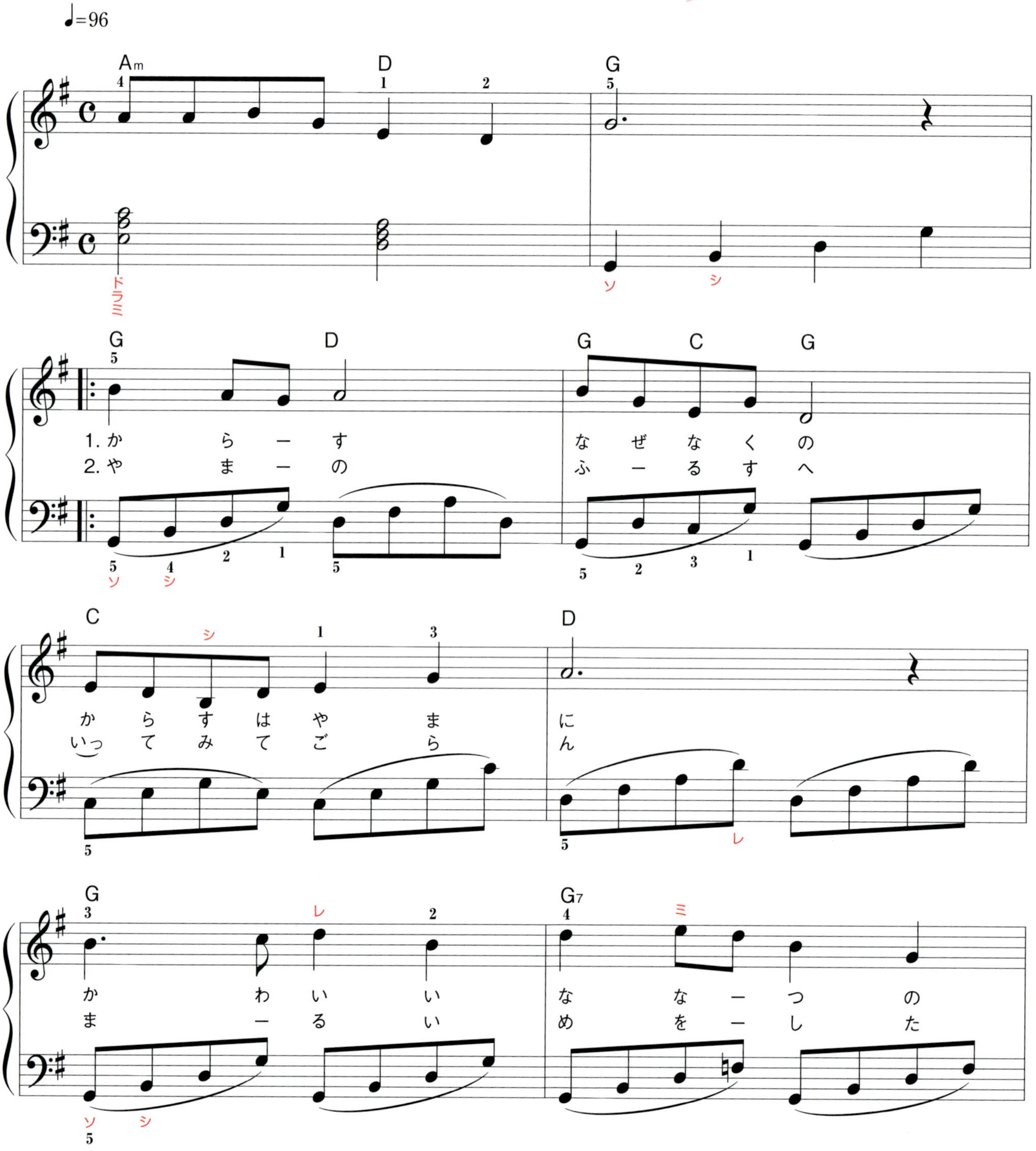
♩=96
Am D G
ドラミ ソ シ
G D G C G
1. か ら ー す な ぜ な く の
2. や ま ー の ふ ー る す へ
ソ シ
C D
シ
か ら す は や ま に
いっ て み て ご ら ん
レ
G G7
レ ミ
か わ い い な な ー つ の
ま ー る い め を ー し た
ソ シ

1.
Am D G
こ が あ る か ら よ
い ー い ー こ だ
ラ
レ
D A/C♯ Bm7 Am
か わ い か わ い と か ら す は
ラ
♯ファ
レ
弾ける方は
左手をこのように
Em G D7 G D
な く の か わ い か わ い と
シ
ソ
ミ
2.
G C D G
な く ん だ よ よ
ソ
レ
レ

おなじみの曲

めだかのがっこう

作詞：茶木 滋　作曲：中田喜直

作詞者である茶木 滋の当時６歳だった息子が、めだかの群れを発見し「ここはめだかの学校」と言ったことをもとに、この歌詞が生まれたようです。その場所とされる、小田原市にある荻窪用水の岸に、碑が建てられています。

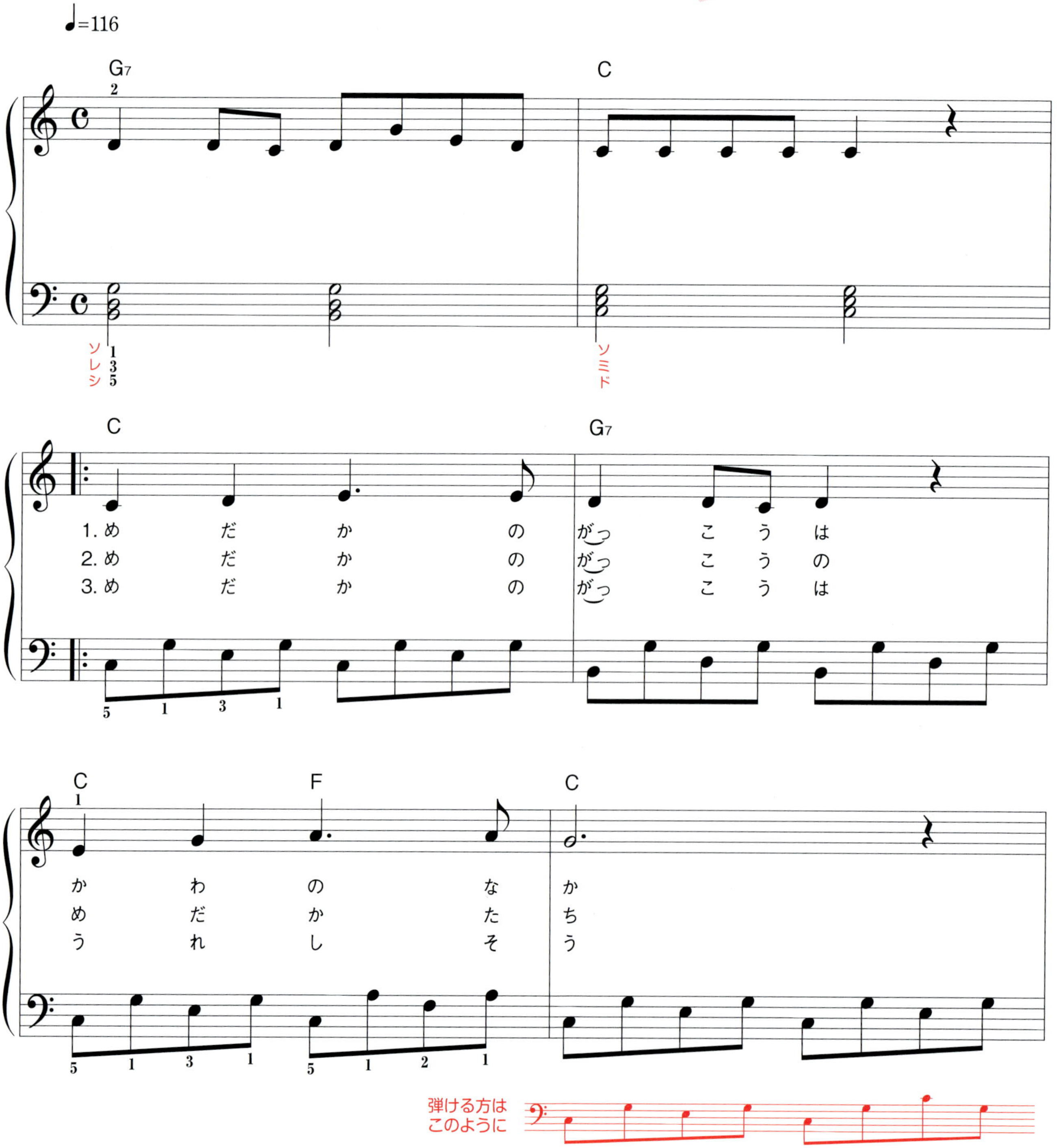

F
C
そっとのぞいて　みてごらん
だれがせいとか　せんせいか
みずにながれて　つーーいつい
F
C
そっとのぞいて　みてごらん
だれがせいとか　せんせいか
みずにながれて　つーーいつい
1. 2.
3.
G7
C
C
みんなでおゆうぎ　しているよ
みんなでげんきに　あそんでる
みんながそろって　ついつい
レ
ソ

おなじみの曲

森のくまさん

訳詞：馬場祥弘　アメリカ民謡

原詞は、遭遇したクマに「君は銃を持っていないみたいだけど逃げなくて大丈夫？」と言われて逃げ出し、その後をクマが追ってきた……といった内容です。色々な替え歌があることでも有名な曲ですね。

元気に ♩=105
C　F　F♯
ド　ソ　ミ　ソ
ファ　ラ　ド　ラ
#ファ
G　G　C
1. あるー
C　G7
ひ　もりのなか　くまさんに
の　いうことにゃ　おじょうさん
が　くまさんが　あとから
ん　おまちなさい　ちょーっと
さん　ありがとう　おれいに
ソ　ファ　シ
ソ
軽快なテンポをキープして、森を散歩するように

C C C7
で あ っ た はな さ く も り の み
おに げ な さい スタ コ ラ サッ サッ サッ の
つい て く る トコ ト コ トッ コ トッ コ
おと し も の し ろ い か い が ら
うた い ま しょう ラ ラ ラ ラ ラ ラ ラ
F G7 C
ち くま さ ん に で あ っ た
サ スタ コ ラ サッ サッ サッ の サ
ト トコ ト コ トッ コ トッ コ ト
の ちい さ な イ ヤ リ ン グ
ラ ラ ラ ラ ラ ラ ラ ラ ラ
1. 2. 3. 4.
5.
C G7 C
2. くま さ ん
3. と こ ろ
4. おじょ う さ
5. あら く ま

おなじみの曲

ぶんぶんぶん

訳詞：村野四郎　ボヘミア民謡

訳詞をした村野四郎は詩人として活躍した人物。発表された詩集のひとつ『亡羊記』は、1959（昭和34）年、第11回読売文学賞を受賞。「府中市郷土の森博物館」（東京都府中市南町）内「村野四郎記念館」では、氏の愛用品や作品を見ることができます。

可愛らしく ♩=95
C G7 C
ド ソ ミ
シ ソ レ
C G7 C
1.2. ぶん ぶん ぶん はちがとぶ
シ
左手のアルペッジョ*1をなめらかに弾きましょう。コードは2種類、CとG7だけです！
C G7 C G7
おいけのまわりにのばらがさいたよ
あさつゆきらきらのばらがゆれるよ
シ
C G7 1. C 2. C
ぶん ぶん ぶん はちがとぶ ぶ
*2
シ

*1 アルペッジョ（arpeggio）和音の各音を同時にではなく、順番に演奏する奏法　*2 フェルマータ（fermata）音符または休符を十分に延ばす。延長記号

メリーさんのひつじ

訳詞：高田三九三　アメリカ民謡

子どもたちにもイメージしやすい歌詞と、覚えやすいメロディーです。1877（明治10）年、発明家トーマス・エジソンが蓄音機を発明しました。世界で初めて録音に成功したのが、エジソン自らが歌ったこの曲だと言われています。

明るく ♩=100

左手は倍速（8分音符）で弾いても楽しい

おなじみの曲

山の音楽家

訳詞：水田詩仙　ドイツ民謡

「Ich bin ein Musikante」というドイツ民謡が原曲であるとされています。もともとの歌詞には動物たちは登場していません。1948（昭和23）年『小学音楽（四）』に掲載。後にNHKテレビ番組『みんなのうた』で放映されました。

楽しく抑揚をつけて ♩=105
G D7 G G
1. わ たしゃおんがくか や
たしゃおんがくか や
たしゃおんがくか や
たしゃおんがくか や
たちゃおんがくか や
mf
D7 G G D7
まのこりす じょうずにバイオリンひいてみま
まのうさぎ じょうずにピアノをひいてみま
まのことり じょうずにフルートふいてみま
まのたぬき じょうずにたいこをたたいてみま
まのなかま じょうずにそろえてひいてみま

G G D7 G
しょう キュキュ キュッ キュッ キュッ キュキュ キュッ キュッ キュッ キュキュ キュッ キュッ キュッ キュキュ
しょう ポ ポ ポロン ポロン ポロン ポ ポ ポロン ポロン ポロン ポ ポ ポロン ポロン ポロン ポ ポ
しょう ピ ピ ピッ ピッ ピッ ピ ピ ピッ ピッ ピッ ピ ピ ピッ ピッ ピッ ピ ピ
しょう ポ コ ポン ポン ポン ポ コ ポン ポン ポン ポ コ ポン ポン ポン ポ コ
しょう タ タ タン タン タン タ タ タン タン タン タ タ タン タン タン タ タ
シソレ
ラ #ファ ド
mf
p
歌と合わせつつ、抑揚をつけて楽しく
1. 2. 3. 4.
5.
D7 G D7 G G
キュッ キュッ キュッ い か ー が で す 2. わ
ポロン ポロン ポロン い か ー が で す 3. わ
ピッ ピッ ピッ い か ー が で す 4. わ
ポン ポン ポン い か ー が で す 5. ぼく
タン タン タン い か ー が で す
ソレシ
mf
1 2 5
ソ

おなじみの曲

やぎさんゆうびん

作詞：まど・みちお　作曲：團 伊玖磨

1952（昭和27）年NHKラジオ番組『幼児の時間』で放送されていました。やぎは紙を食べることで知られる動物。しかし、以前は植物から紙が作られていたため食べることができましたが、現在の紙は植物以外の材料も使われているため、食べさせることは避けています。

B♭ F C F F
1.し ろ や ぎ さん か ら
2.く ろ や ぎ さん か ら
レ
ラ ファ レ
ラ ファ ド
F Gm7 B♭ F F
お て が み つ い た く ろ や ぎ さん た ら
お て が み つ い た し ろ や ぎ さん た ら
レ
Gm7 C7 F B♭ F
よ ま ず に た べ た
よ ま ず に た べ た
し かた が な い の で お て が み
レ ド ソ ソ ド シ レ ファ ド
右手のメロディーに和音をつけてもいい
C F B♭ F C F
か い た さっ き の て が み の ご よ う じ な あ に

おなじみの曲

ゆりかごのうた

作詞：北原白秋　作曲：草川 信

詩は 1921（大正 10）年雑誌『小学女生』に、曲は 1922（大正 11）年『赤い鳥』に発表されました。中山晋平も曲をつけていますが、草川 信のものが広く歌われたようです。歌詞にある「ねんねこ」は「寝よ寝よ」が訛ったものとされています。

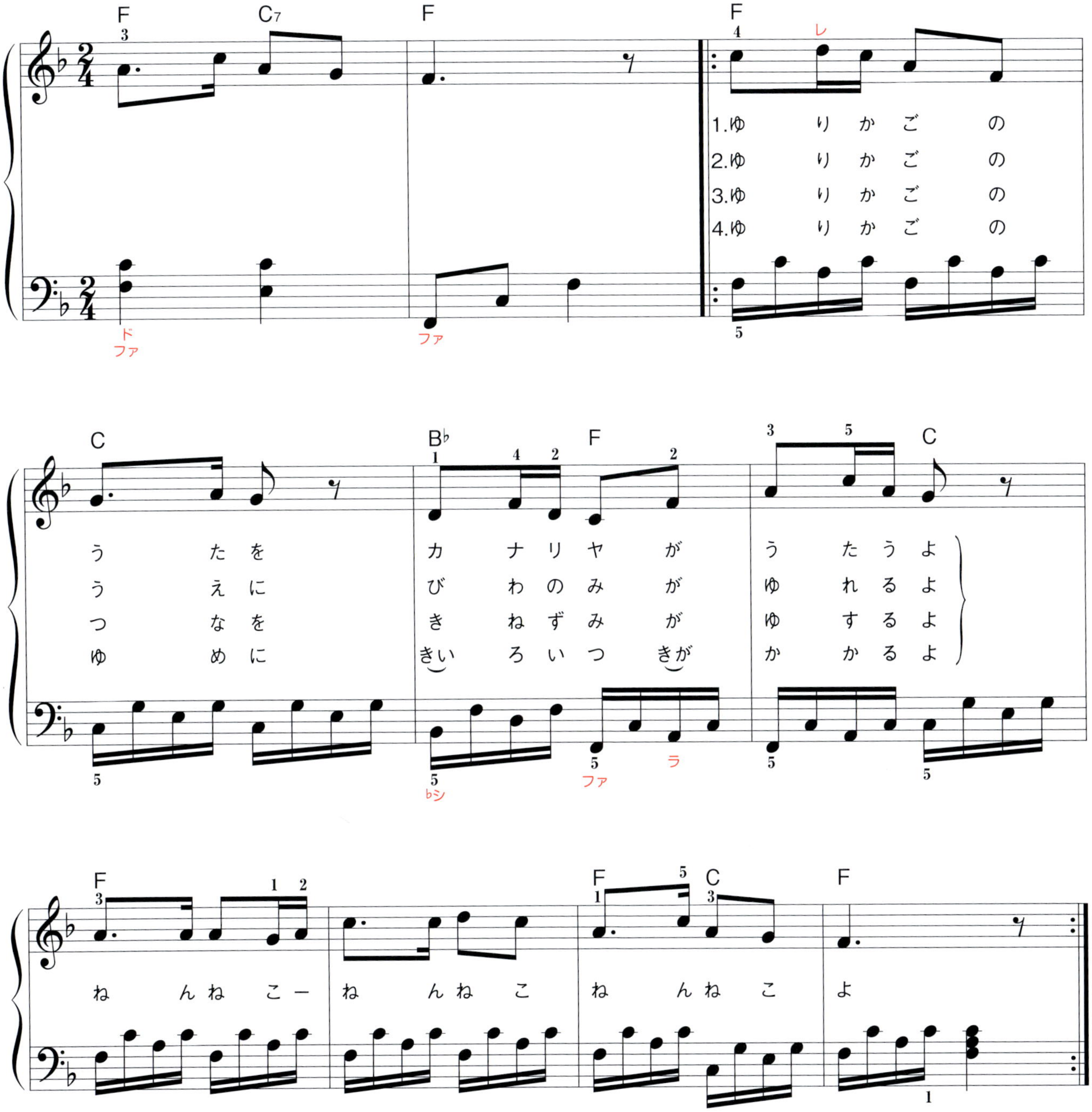

F　C7　F　F　C　B♭　F　C　F　F　C　F
1.ゆ り か ご の う た を カ ナ リ ヤ が う た う よ
2.ゆ り か ご の う え に び わ の み が ゆ れ る よ
3.ゆ り か ご の つ な を き ね ず み が ゆ す る よ
4.ゆ り か ご の ゆ め に きい ろ い つ きが か か る よ
ね ん ね こ ー ね ん ね こ ね ん ね こ よ
ド ファ ファ レ ♭シ ファ ラ

右手のメロディに和音をつけてみましょう

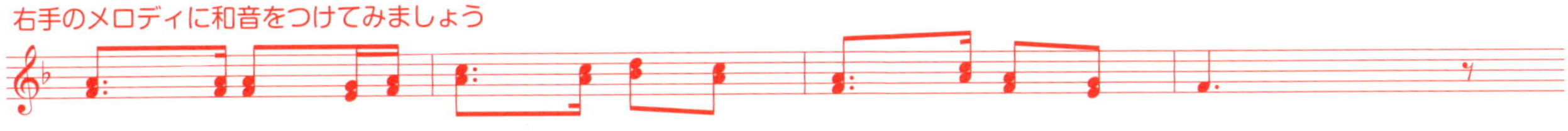

おなじみの曲

夕やけこやけ

作詞：中村雨紅　作曲：草川 信

広い世代にわたって歌われ続けています。絵描き歌として用いられたり、替え歌が作られたりもしていますね。歌碑は全国12カ所にもあります。作曲者の草川 信は、少年時代を過ごした故郷に想いを馳せながら、この曲を制作したようです。

穏やかに　♩=72

C　F　Em　G7　C
ゆったりと急がずに弾きましょう
C　G
1. ゆうやけ　こやけで　ひがくれて
2. こどもが　かえった　あとからは
ソ
レ シ
このように右手はコードを弾いてもいい。
重くなりすぎないように
ソ
C　F　G　C
やまの　おてらの　かねがなる
まるい　おおきな　おつきさま
ソ　ラ　レ シ
ファ　ソ

F C G C
お ー て て つ な い で み な か え ろう
こ と り が ゆ め を ー み る こ ろ は
ラ ソ レシ
ファ ソ
C F G C
か ら す と い っ しょ に か え り ま しょう
そ ら に は き ら き ら き ん の ほ し
ソ ラ レシ
ファ ソ
C F Em G7 C
2 1 2
*2
急がずゆったりと
rit. *1

*1 ritardando (リタルダンド) だんだん遅く　*2 フェルマータ (fermata) 音符または休符を十分に延ばす。延長記号

園児の曲

あくしゅでこんにちは

作詞：まど・みちお　作曲：渡辺 茂

４月、新しいお友だちと仲良くなるきっかけに、保育室内をみんなで歩き、握手や会釈をしながら歌われています。歌に合わせて「こんにちは」「さようなら」と挨拶してみましょう。手遊び歌としても親しまれている曲です。

優しくゆったりと ♩=102
C G7 C C
1.て く て く て く て く
2.も にゃ も にゃ も にゃ も にゃ
リズムを刻まない方が遊びの動作を
しやすいときはこのように
G
あ る い て き て あ く しゅ で こん にち は
お は な し し て あ く しゅ で さよ うな ら
C G C C G7 C
ご き げ ん い か が ―
ま た ま た あ し た ―
rit.＊1
＊2

＊1 ritardando（リタルダンド）だんだん遅く　＊2 フェルマータ（fermata）音符または休符を十分に延ばす。延長記号

園児の曲

朝のうた

作詞：増子とし　作曲：本田鉄磨

保育園や幼稚園では朝の定番となっています。1日を元気なあいさつとともにスタートできる曲ですね。作詞は「思い出のアルバム」でも知られる増子とし。

軽快に ♩=100
スイング！
注意！
1.〜3. せんせい おはよう みなさん おはよう
おはなも にこにこ わらっています
ことりも チッチと うたっています
ウサギも ぴょんぴょん おどっています
おはよう おはよう
5度*1でなくずっと
根音（ルート音）*2のままでもいい

*1 音程を表す単位。同じ高さにある音どうしを1度（同度）、隣り合った音は2度と数える　*2 和音を構成している1番下の音

園児の曲

ありがとう・さようなら

作詞：井出隆夫　作曲：福田和禾子

卒業シーズンの定番曲。NHK テレビ番組『みんなのうた』で 1985（昭和 60）年に放送されました。この曲を聴くと、自分が卒業したときのことや、学生生活を思い出す人は多いのではないでしょうか。

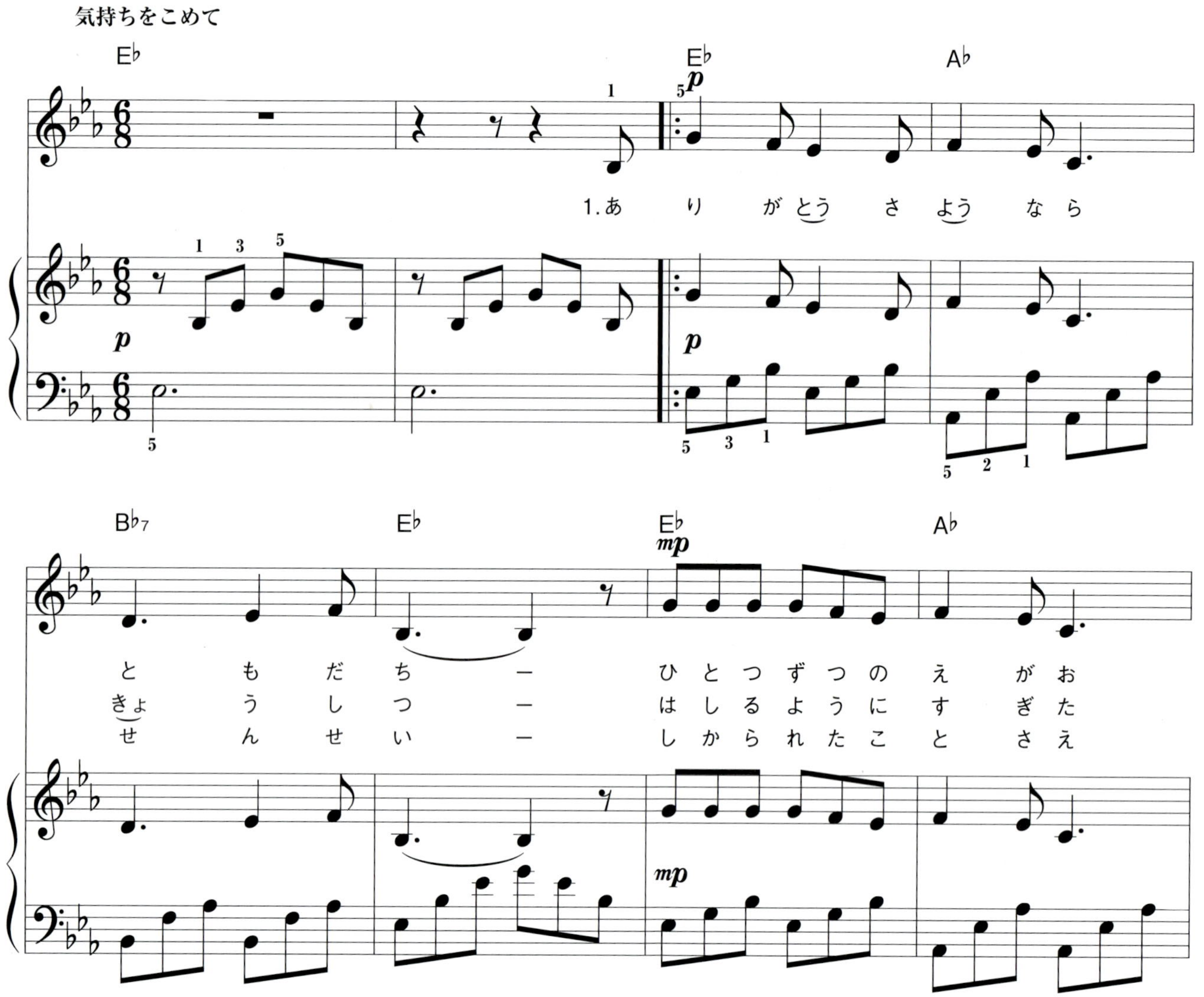
気持ちをこめて
E♭
E♭
A♭
1.ありがとう　さようなら
B♭7
E♭
E♭
A♭
ともだち―　ひとつずつのえがお
きょうしつ―　はしるようにすぎた
せんせい―　しかられたことさえ

B♭7 E♭ A♭ E♭
mf
はずむーこえー なつのひざしにーも
たのしーいひー おもいでーのきずが
あたたーかいー あたらしーいかぜに
mf
B♭7/F E♭ E♭7 A♭
f
ふゆのそらの したでも みんなまーぶ
のこるあーの つくえに だれがこーん
ゆめのつばさ ひろげて ひとりひーと
f
E♭/G F7 B♭ B♭7 E♭ B♭
しーくかがやいーてたーーあ
どーはすわるんーだろうーーあ
りーがとびたつーときーーあ

E♭ A♭ B♭7 1. 2. E♭
p
り が とう さ よう な ら と も だ ち
りり が とう さ よう な ら きょう し つ
りり が とう さ よう な ら せ ん せ
p
3. E♭ E♭ A♭
mp
ー ー 2. あ い ー あ り が とう さ よう な ら
ー ー 3. あ
mp
B♭7 E♭ A♭
mf
rit. *1
みんな み ん な ー あ り が とう さ よう な ら
mf
rit.
B♭7 B♭ E♭ B E♭
a tempo *2
み ー ん な ー ー
*3
a tempo

*1 ritardando（リタルダンド）だんだん遅く　*2 ア テンポ（a tempo）元の速さに
*3 アルペッジョ（arpeggio）和音の各音を同時にではなく、順番に演奏する奏法

園児の曲

いもほりのうた

作詞：高杉自子　作曲：渡辺 茂

「うんとこしょ どっこいしょ」のかけ声が楽しい曲です。みんなで声を合わせて、いもほりなどの行事でも歌いたいですね。「おいも」の他に色々なものを入れて歌ってもいいでしょう。

園児の曲

一年生になったら

作詞：まど・みちお　作曲：山本直純

1966（昭和 41）年 NHK テレビ番組『うたのえほん』で発表。毎年３月頃に歌われている定番曲。
一年生になる子どもたちの期待に満ちた心が表された歌詞です。

楽しく跳ねるように　♩=110
スイング！
注意！
F　Dm7　C7　F　F　Dm7
1.〜3. いちねんせいに
左手は根音《こんおん》(ルート音)*を打ちます
Gm7　C7　F　Dm7　Gm7　C7
なったら　いちねんせいに　なったら
F　Dm7　Gm7　C7　F　F　Dm7
ともだちひゃくにん　できるかな　ひゃくにんで
このようにコードを
分けて刻んでもいい

＊ 和音を構成している１番下の音

Gm7 C7 F Dm7 Gm7 C7
たべたいな ふじさんのうえで おにぎりを
かけたいな にっぽんじゅうを ひとまわり
わらいたい せかーいじゅうを ふるわせて
1. 2.
F Dm7 C7 F F Dm7
ぱっくんぱっくんぱっくんと
どっしんどっしんどっしんと
わっははわっははわっはっは
歌に合わせて、ちょっと大げさに
mf
3.
Gm7 C7 F Dm7 C7 F
mf

園児
の曲

おかえりのうた

作詞：天野 蝶　作曲：一宮道子

保育園や幼稚園では、1日の終わりに歌う定番曲です。振り付けをつけて歌われることもあります。
作詞者の天野 蝶は「おべんとう」でも知られている人物です。

♩=96
C
た
1. きょ ー う も た の し く
2. お り が み つ み き も
ソミド
弾ける方はこのように
F
す み ま し た
か た づ け て
な か よ し こ よ し で
お か え り お し た く
ラファド
C G7 C
か え り ま しょう
で き ま し た
ソレシ
ソ
Am C
せ ん せ い
ミドラ
ミドソ
F C G C
さ よ な ら
ま た ま た あ し た
た
ファドラ
ミドソ
レシソ

園児の曲

おかたづけ

作詞：不詳　作曲：不詳

片付けることが苦手でも、この曲を歌うと楽しく片付けができそうです。だんだんと慣れてくれば、ピアノを弾くと、子どもたちが進んで片付けができるようになってきます。子どもが片付けを身に付けるために、ぜひ活用してみたいですね。

F
F C F
ドファ
F
おかたづけ
おかたづけ
ドファ
弾ける方はこのように（軽快に）
C F C F C7 F
さあさみなさん
おかたづけ
ドミ
ドファ
ドソ
ドミ

園児の曲

おべんとう

作詞：天野 蝶　作曲：一宮道子

歌い出しの「おべんと おべんと」を聴くと、わくわくしてきます。食事の前には手洗いをし、あいさつをする。好き嫌いせず、よく噛んで食べ、食事が終わったときにもあいさつをする。大切なことを教えてくれる曲です。

G7
きれいにな りました
たべまし ょ よくかんで
ソ
ファ
シ
ソ
C G7
みんな そろって ごあいさ
みんな すんだら ごあいさ
ソ
ファ
シ
2
ソ
C C G7 C
つ
つ
ソ
ファ
シ
ソ

園児の曲

思い出のアルバム

作詞：増子とし　作曲：本多鉄磨

卒業シーズンの定番曲であり、卒園式で歌われることも多いですね。1981（昭和 56）年 NHK テレビ番組『みんなのうた』で放送されました。作曲者の本多鉄磨は、常楽院（東京都調布市）の住職でもあった人物。常楽院境内には、この曲の歌碑が建てられています。

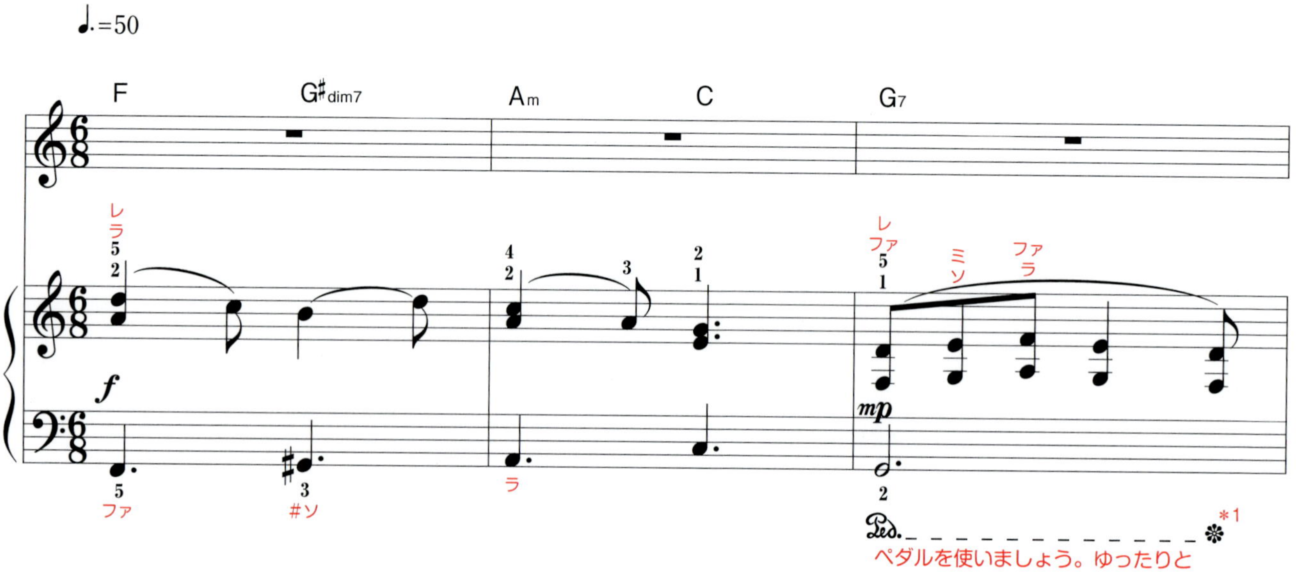

*1 Ped. から右ペダルを踏み、✽ ではなす。　*2 和音を構成している１番下の音

F C G7
おもいだしてごらん あんなこと
C G7 C
こんなこと あったでしょうー
G7 C G7 C
うれしかったこと おもしろかったこと
ぽかぽかおにわで なかよくあそんだ
むぎわらぼうしで みんなはだかんぼ
どんぐりやまの ハイキングラララ
もみのきかざって メリークリスマス
さむいゆきのひ あったかいへやで
もものおはなも きれいにさいて
mp

*3 ritardando（リタルダンド）だんだん遅く　*4 アルペッジョ（arpeggio）和音の各音を同時にではなく、順番に演奏する奏法
*5 フェルマータ（fermata）音符または休符を十分に延ばす。延長記号

園児の曲

さよならぼくたちのほいくえん

作詞：新沢としひこ　作曲：島筒英夫

幼稚園では、歌詞の「ほいくえん」を「ようちえん」と替えて歌われています。「ぼくたちの」の部分に保育園や幼稚園の名前を入れてもいいですね。卒業後、何年たっても園での生活を懐かしく思い出させてくれる曲です。

G C D7 G
1. た く さ
G Em
ん の ま い に ち を こ こ で す ご
Bm C D7
し て き た ね ー
な ん ど わ ら っ て な
うれ し い こ と も かな
Bm Em A D7
ん ど な い て な ん ど か ぜ を ひ い て
し い こ と も き っ と わ す ー れ な い

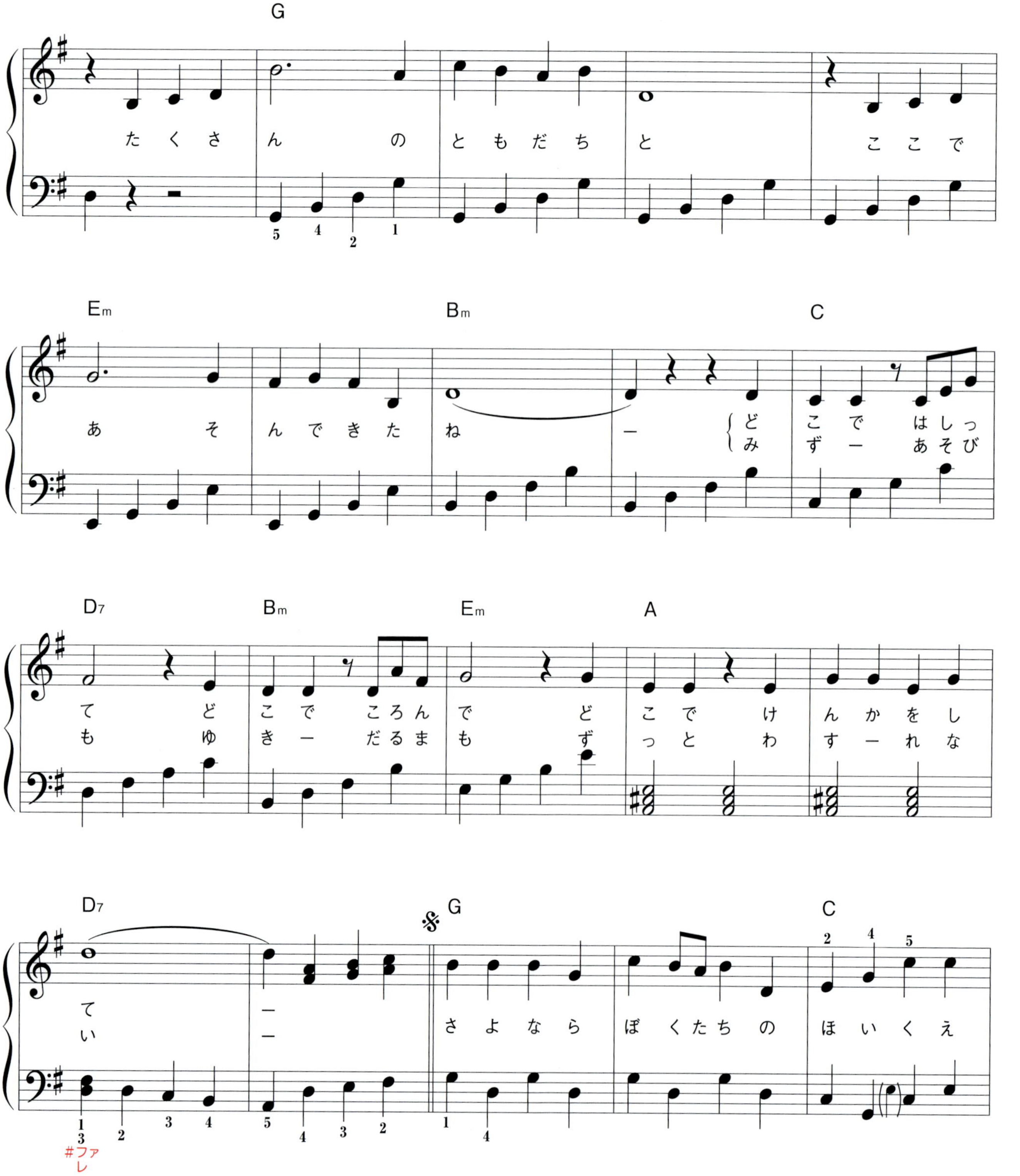
G
たくさんの ともだちと ここで
Em Bm C
あそんできたね ー
どこではしっ
みずーあそび
D7 Bm Em A
てどこでころんでどこでけんかをし
もゆきーだるまもずっとわすーれな
D7 G C
てー
いー
さよなら ぼくたちの ほいくえ
#ファ
レ

G C G D7
ん　ぼ く　た　ち の　あ　そ ん だ に　わ　ー
G C G C
さ く ら の　は な ー び ら　ふ る こ ろ　は
こ の つ ぎ　あ そ ー び に　く る と き　は
ラ ン　ド セ ル の
D G to
1. 2.
G D7
ー　い ち ね ん　せい　2. た く さ
D.S.
Coda G G D7 G6
8va でもいい
＊1
＊2

＊1 フェルマータ（fermata）音符または休符を十分に延ばす。延長記号　＊2 オッターヴァ（8va）1オクターブ高く

園児の曲

世界中のこどもたちが

作詞：新沢としひこ　作曲：中川ひろたか

音楽の教科書にも掲載されている曲です。作詞者の新沢としひこ、作曲者の中川ひろたかのコンビによって、他にも数多くの歌が作られ、子どもたちだけでなく、多くの大人からも愛されています。

元気に行進するように
=115
スイング！
注意！
D7
G
1. せかい
ソレシ
シ　ラ
ソ　レ
左手は基本的に根音《こんおん》(ルート音)*1と5度*2を弾きますが、難しければ根音だけ弾いてもいい。弱々しくならないように
G
Am
じゅう　のこどもたち　が　いちど　に　わらったら　そらも
じゅう　のこどもたち　が　いちど　に　なーいたら　そらも
ソレシ
ソ　レ
次のAの音へつなぐ音です
ミ
D7
Am7
1. G
わ　らう　だ　ろ　う　ラララ　うみもわら　う　だ　ろう　2.せかい
な　ーく　だ　ろ　う　ラララ　うみもなく　だ　ろ
ラ　ミ
レ

*1 和音を構成している１番下の音　*2 音程を表す単位。同じ高さにある音どうしを１度（同度）、隣り合った音は２度と数える

2.
G B7 Em A7
う ひろげ よ う ぼくらの ゆ め をとどけ よ う ぼくらの
ソ レ シ
5 3 1
mp
ミ #ド ソ
ソ レ シ ミ ラ
1 4 2
D7 B7 Em A7
こ え をさかせ よ う ぼくらの は な をせかい に にじをかけ
#ファ ド ラ
5 2 1
5 3 1
ソ ミ シ
ミ #ド ソ
5 レ シ ミ ラ
D7 G
よう せかい じゅう のこどもたち が いちど に うたった
ソ レ シ
mf
ソ

*3 フェルマータ (fermata) 音符または休符を十分に延ばす。延長記号

園児の曲

せんせいとおともだち

作詞：吉岡 治　作曲：越部信義

椅子を円にして置き子どもたちが座ります。先生が歌いながら、子どもたちと握手をしたり、抱きしめたりして楽しんでいる園もあります。先生と子どもの距離を縮めてくれる曲ですね。

♩=126
G7
C
C
G
1.〜3. せん せ いと
お とも だち
レシソ
5 3 1
ミドソ
ソレシ 1 3 5
ソ
このように左手をすべてオクターブで弾いてもいいでしょう
G9
C
F
せん せ いと
お とも だち
あ く しゅ を し よ う
あ い さ つ し よ う
に ら めっ こ し よ う
ファ
1. 2.
3.
G7
C
C
ギュ ギュ ギュ
お は よう
メッ メッ
メッ

園児の曲

はじめの一歩

作詞：新沢としひこ　作曲：中川ひろたか

卒園式で歌われることも多い曲です。優しい曲調ですが力強さが感じられ、前に進もうとする力が湧いてきます。どんどん成長を続けていく子どもたちと一緒に歌いたいですね。

大らかに ♩=98
F G7 C Am7 F G7 C
mp
mf
コードを分散してアルペッジョ*1にしてもきれい
C G/B Am7 C/G F G7 C C7
1.ち い さ な と り が う た っ て い る よ
2.し ん じ る こ と を わ す れ ちゃ い け ない
右手
F G7 C Am7 D7 G7
ぼ く ら ー に ー あ さ が お と ず れ た よ ー と ー
か な ら ー ず ー あ さ は お と ず れ る か ー ら ー
メロディーと一緒に動くといい

*1 アルペッジョ（arpeggio）和音の各音を同時にではなく、順番に演奏する奏法

C G/B Am7 C/G F G7 C C7
きのうとちがう あさひがのぼる
ぼくらのゆめを なくしちゃいけない
ミドソ 531
レシソ
ファドラ
シ ラ ソ ファ
F G7 C Am7 Dm7 G7 C
かわのーなーがれも かがやいてーいる はじめ
きっとーいーつかは かなーうはずだよ はじめ
ファドラ
ミドソ
ファ ソ ラ
メロディと一緒に
動くとGOOD
F G7 C F G7 C F G7
のいっぽ あしたに いっぽ きょうから なーにも
のいっぽ あしたに いっぽ きょうから なーにも
ファドラ
ファレシ
521
f
ミドソ
ファ ソ
雄大に力強く。テンポが走らないように

C Am7 D7 G7 C C7 F G7 C
かもが あたらーしい はじめの いっぽ あした
かもが あたらーしい はじめの いっぽ あした
#ファ ド ラ
♮ファ レ シ
ミ ド ソ
ラ
ソ
ファ
メロディーと一緒に
F G7 C F G7 C Am7 F G7
に いっぽ ゆうきを もって おおきく いっぽあるきだ
に いっぽ うまれかわって おおきく いっぽあるきだ
ファ ド ラ
ファ レ シ
ミ ド ソ
ファ
ソ
メロディーと一緒に
C F G7 C Am7 F G7 C
せ
せ
ミ ド ソ
mf
ド ラ ファ
レ シ ファ
rit. *2
*3
*4
イントロと同じく。アルペッジョにするときれい

*2 ritardando（リタルダンド）だんだん遅く　*3 アルペッジョ（arpeggio）和音の各音を同時にではなく、順番に演奏する奏法
*4 フェルマータ（fermata）音符または休符を十分に延ばす。延長記号

園児の曲

ハッピー・バースデイ・トゥ・ユー

作詞：Patty Smith Hill ／ Mildred J. Hill　作曲：Patty Smith Hill ／ Mildred J. Hill

元々のタイトルを「Good Morning to All」といい、誕生日を祝う曲ではありませんでした。多くの国で親しまれており、英語で歌われることが多いようです。世界で一番歌われている歌としてギネス・ワールド・レコーズに登録されました。

♩=106
くり返し歌うときは、できればだんだんテンポを早くしてみましょう
B♭ F C
シ ファ レ
ラ ファ ド
ファ ド ラ
ファ シ
F C7
ファ ド ラ
ハッ ピー バース デイ トゥ ユー ハッ ピー
C7 F
バース デイ トゥ ユー ハッ ピー バース デイ ディア
B♭ F C7 F
○○ ちゃん ハッ ピー バース デイ トゥ ユー

園児の曲

BELIEVE

作詞：杉本竜一　作曲：杉本竜一

1998（平成 10）年 NHK テレビ番組『生きもの地球紀行』のエンディングテーマとして発表されました。合唱曲として用いられることが多い曲です。

大きな心で ♩=85
F F7 B♭ B♭m C7 F
ペダルを使って響き豊かに。コードの変わり目で踏み直しましょう。
mf
mp
F C/E Dm Am7/C B♭ F
1.たとえばきみがー きずついて くじけそうに
2.もしもだれかがき みのそばで なきだしそうに
G7 C7 F C/E Dm B♭ F Gm7
なったときは かならずぼくが そばにいて ささえてあげるよ
なったときは だまーってうでを とりながら いっしょにあるいて

C7 F Dm B♭add9 B♭ C7
そ の か た を せ か い じゅ う の き ぼ う
く れ る よ ね せ か い じゅ う の や さ し
ミ ♭シ ソ ファ ド ラ ファ ♭シ
mf
Fsus4 F D7 Gm9 Gm G7
の せ て こ の ち きゅ う は ま わ ーっ て
さ ー で こ の ち きゅ う を つ つ み た
ラ レ ♭シ ファ ソ
C7sus4 C7 F C7 Dm
る い ま ー み ら い の ー と び ら を ー あ け る
い い ま ー す な お な ー き も ち に ー な れ る
ソ ファ ♭シ ファ レ ラ ファ
f

C/B♭ B♭ F B♭add9 B♭ G7
と き か な し み ー や く る し
な ら あ こ が れ ー や い と し
C7sus4 C7 F C7 Dm
み ー が い つ の ひ か ー ー よ ろ こ びに ー か わ る
さ ー が お お ぞ ら に ー ー は じ け て ー ひ か る
B♭ F F7 B♭ B♭m C7
だ ーろう
だ ーろう
アイ ビリーブ イン フューチャー しんじて

*1 ritardando（リタルダンド）だんだん遅く　*2 アルペッジョ（arpeggio）和音の各音を同時にではなく、順番に演奏する奏法

*3 フェルマータ（fermata）音符または休符を十分に延ばす。延長記号

園児の曲

豆まき

えほん唱歌

2月2日は豆まきの行事の日。節分とは本来、立春・立夏・立秋・立冬の前日すべてを指していたようです。節分の由来や豆まきの意味を、子どもたちと話してみるのもいいでしょう。

可愛らしく ♩=95

D
G
A7
ラ
#ファ
レ
左手は単音でもいい
シ
ソ
レ
D
D
G
D
1. 2. お に は そ と
ラ
#ファ
レ
ソ
D
G
D
G
D
ふ く は う ち
ぱらっ
ぱらっ
ソ
歌と合わせて楽しく

D
A7
ぱらっ　ぱらっ
ま　め　の　お　と
#ファ
レ
ラ
ミ
#ド
ソ
ラ
D
G
A7
D
お　に　は　こっ　そ　り　に　げ　て　い　く
は　や　く　おは　い　り　ふ　く　の　か　み
ソ
ラ
D
G
A7
D
＊
ラ
#ファ
レ

＊ フェルマータ (fermata) 音符または休符を十分に延ばす。延長記号

園児の曲

みんなともだち

作詞：中川ひろたか　作曲：中川ひろたか

卒園式で歌われることも多い曲。作詞・作曲を手がけた中川ひろたかは絵本作家としても活動しており、100冊以上の絵本を執筆しています。絵本『ないた』で第10回日本絵本大賞を受賞。日本ではじめての男性保育士としても知られています。

♩=130
スイング！
注意！
G D Em7 A7 D
みんな
ちょっとJAZZっぽい気分で
シ ソ レ
左手の２拍目を意識して、シンコペーション＊1を
しっかり弾きましょう
レ ミ ファ
オクターブ上でもいい
G D
ともだちー ずっとずっと ともだちー がっこう
ともだちー ずっとずっと ともだちー おとなに
ソ レ ラ
A7 1. D D7
いってもー ずっとともだち Yeah みんな
なってもー ずっとともだ
ミ ド #ソ
いちばん低い音が半音ずつ落ちていくところに注意
ラ ミ レ

＊1 強拍と弱拍の位置をずらしリズムを変化させる

*2 セーニョ（segno）*D.S.* からこの記号に戻り演奏する

*3 D.S. でくり返されたあと、最後の ⊕ Coda に進む　*4 ダル・セーニョ (dal segno) 𝄋 まで戻り、fine またはフェルマータまで演奏する
*5 D.S. でくり返されたあと、to ⊕ からとびます

to Φ *3
D A7 D A7
ともだちー　おとなになってもー　ずっとともだち
レ ラ ミ
ミ #ド ソ
#ファ レ ラ
D G D Em7 A7 D A7
#ファ レ ラ
レ ラ
D.S. *4

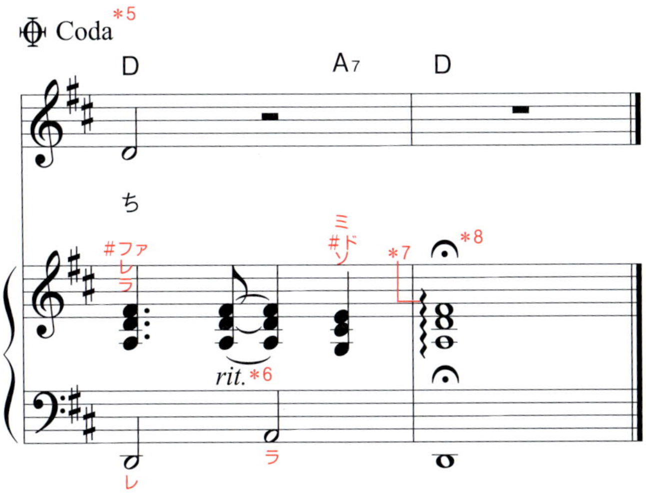
Φ Coda *5
D A7 D
ち
#ファ レ ラ
ミ #ド ソ
*7 *8
rit. *6
レ ラ

*6 ritardando（リタルダンド）だんだん遅く　*7 アルペッジョ（arpeggio）和音の各音を同時にではなく、順番に演奏する奏法
*8 フェルマータ（fermata）音符または休符を十分に延ばす。延長記号

季節の曲 はる

うれしいひなまつり

作詞：サトウハチロー　作曲：河村光陽

３月３日は「桃の節句」ともいわれ、女の子がいる家では成長と幸せを願い雛人形を飾る風習がありますが、その情景を歌った曲です。作詞者を「山野三郎」としたものもありますが、山野はサトウハチローの別名のひとつのようです。

♩=72
1. あかりをつけましょ ぼんぼりに おはなをあげましょ もものはな ごーにんばやーしの ふえたいこ きょーうはたのしい ひなまつり
2. おだいりさーまと おひなさま ふーたりならんで すましがお おーよめにいらーした ねえさまに よくにたかんじょの しろいかお
3. きーんのびょうぶに うつるひを かすかにゆーする はるのかぜ すーこししろーざけ めされたか あーかいおかおの うだいじん
4. きものをきかえて おびしめて きょーうはわたしも はれすがた はーるのやよーいの このよきひ なーによりうれしい ひなまつり
弾ける方はこのように

季節の曲
はる

こいのぼり

作詞：近藤宮子　作曲：不詳

５月５日は端午の節句。こいのぼりは江戸時代の頃から全国に広がったとされています。空を泳ぐようなこいのぼりの様子が目にうかんでくる歌ですね。作詞者である近藤宮子は、国文学者の藤村 作の娘として生まれ、国文学者の近藤忠義の妻となった人物。

♩=120
mf
D A D D
や ね よ り た か い
A D G D
こ い の ぼ ー り お お き い ま ご い は
D A D G D A D
お と う さ ん ち い さ い ひ ご い は こ ど も た ー
弾ける方はこのように
A D G D D A D
ち お も し ろ そ う に お よ い で る
ラ #ファ レ
ラ ミ #ド
#ド

季節の曲
はる

チューリップ

作詞：近藤宮子／井上武士　作曲：井上武士

1932（昭和7）年『エホンショウカ（ナツノマキ）』に発表。作曲を手がけた井上武士は作曲家として活躍するだけでなく、音楽教育者でもあり、東京音楽大学などで教鞭をとりました。著作に『日本唱歌全集』などがあります。

中くらいの速さで　♩=65

F　B♭　F　F　C7　F
ド ラ ファ　レ ♭シ ファ
ゆったりと優しく弾きましょう
F　C7　F
1.さ い た　さ い た　チューリップ の　は な が　な らん だ　な らん だ
2.ゆ れ る　ゆ れ る　チューリップ の　は な が　か ぜ に　ゆ れ て
3.か ぜ に　ゆ れ る　チューリップ の　は な に　と ぶ よ　と ぶ よ
ファ ド ラ　ミ ♭シ ソ
ファ　ソ
C7　F　F　B♭　F　F　C7　F
あ か し ろ　き い ろ　ど の は な　み て も　き れ い だ　な
に こ に こ　わ ら う　ど の は な　み て も　か わ い い　な
ちょ う ちょ が　と ぶ よ　ちょ う ちょ と　は な と　あ そ ん で　る
ファ ド ラ　ミ ♭シ ソ　ミ ♭シ ソ
ファ
イントロと同じく右手メロディー、左手コードで弾いても変化があっていい

＊ フェルマータ（fermata）音符または休符を十分に延ばす。延長記号

季節の曲
はる

ちょうちょう

作詞：野村秋足／稲垣千穎　スペイン民謡

スペイン、イギリス、アメリカといった西洋で広まったメロディが、明治初期に日本に伝わったとされています。そのメロディーに、わらべ歌である「蝶々ばっこ」をもとに歌詞をつけ、この曲が作られました。

かろやかに ♩=72
F C F F
1. ちょう ちょう
2. おき よ
ドラファ
弾ける方はこのように
C F F C
ちょう ちょう なのはに とまれ なのはに あいたら
おき よ ねぐらの すずめ あさひの ひかりの
F mp C F
さくらに とまれ さくらの はなの はなから
さしこぬ さきに ねぐらを いでて こずえに
ド ソ
mf F C F
はなへ とまれよ あそべ あそべよ とまれ
とまり あそべよ すずめ うたえよ すずめ
ドラファ

季節の曲
はる

はるがきた

作詞：高野辰之　作曲：岡野貞一

明治期より長く歌われつづけている唱歌です。当初は作者不明でしたが、戦後になってから作詞・作曲者が判明しました。この岡野貞一、高野辰之のコンビは「春の小川」「朧月夜」「故郷」「紅葉」などの作品も残しています。

和やかに ♩=120
C G7 C G7 C
1. はるがきた　はるがきた
2. はながさく　はながさく
3. とりがなく　とりがなく
ドミ
ミドソ
コードを分解して
このように弾いてもいい
C G7 C C7 F
どこにきた　やまにきた　さとにきた
どこにさく　やまにさく　さとにさく
どこでなく　やまでなく　さとでなく
レシファ
ソ
1. 2.
3.
C G7 C C
のにもきた
のにもさく
のにもなく
rit. *1
*2
*3

*1 ritardando（リタルダンド）だんだん遅く　*2 アルペッジョ（arpeggio）和音の各音を同時にではなく、順番に演奏する奏法
*3 フェルマータ（fermata）音符または休符を十分に延ばす。延長記号

季節の曲
はる

はるのおがわ

作詞：高野辰之　作曲：岡野貞一

1912（大正元）年、教科書『尋常小学唱歌』に発表された唱歌。作詞者の高野辰之は国文学者でもありました。高野が散歩した代々木山谷（現在の渋谷区代々木）を流れていた河骨川の風景を歌ったといわれています。

♩=100
F C G C C
1.はーるの おがわは
2.はーるの おがわは
ソ シ
ド ソ ミ
F C G C C
さらさら いくよ きーしの すみれや
さらさら いくよ えーびや めだかや
シ
F C G C G F F
れんげの はなに すーがた やさしく いろうつ
こぶなの むれに きょーうも いちにち ひなたで
ソ シ
右手のメロディーに和音をつけましょう
C F C G C
くしく さーけよ さけよと ささやき ながら
およぎ あーそべ あそべと ささやき ながら

季節の曲
なつ

うみ

作詞：林 柳波　作曲：井上武士

この曲は「日本の歌シリーズ」の切手になりました。作曲者の井上武士は童謡だけでなく、多くの校歌も残していることで知られていますが、そのひとつに、自身の母校である前橋市立芳賀小学校（群馬県前橋市）の校歌があります。

ゆったりと　♩=100

F　B♭maj7　C7　F　F
1.うみは
2.うみは
3.うみに
B♭　F　C7　F7（F）　B♭maj7
ひろいな　おおきいな　つきが　のぼるし
おおなみ　あおいなみ　ゆれて　どこまで
おふねを　うかばせて　いって　みたいな
C7　F　F　B♭maj7　C　F
ひがしずむ
つづくやら
よそのくに
7th*1コードでなく「F」で弾く例も。好みで
rit.*2
*3

*1 根音から数えて7度上の音　*2 ritardando（リタルダンド）だんだん遅く　*3 フェルマータ（fermata）音符または休符を十分に延ばす。延長記号

季節の曲
なつ

たなばたさま

作詞：権藤花代　補詞：林 柳波　作曲：下総皖一

７月７日に行われる、短冊に願いを書き笹に吊るす七夕の笹飾りを歌った曲。1941（昭 16）年『うたのほん（下）』に発表。作詞者の林 柳波と作曲者の下総皖一は、音楽教科書『うたのほん』の制作者でもありました。

♩=126
F C7 F F
1. ささのは
2. ごしきの
ファ ラ
F Gm7 C7
さらさら のきばに ゆれる
たんざく わたしが かいた
ファ ラ ソ ♭シ
弾ける方はこのように
F Gm7
おほしさま きらきら
おほしさま きらきら
ファ ラ ソ ♭シ
F C7 F
きんぎん すなご
そらから みてる
ファ ラ ソ

季節の曲
なつ

茶つみ

文部省唱歌

歌詞にある「八十八夜」とは、立春から数えて88日目の日のことで、5月2、3日ごろにあたります。この歌は、伊賀国名賀郡の茶摘み歌がもととなって作られたといわれています。毬突き唄、手合わせ唄としても用いられる曲ですね。

♩=58
G C D G
シソレ
G G D
1.な つ も ち か づ く は ち じゅ う は ち や
2.ひ よ り つ づ き の きょ う こ の ご ろ を
シソレ
弾ける方は左手をこのように
G G C D G
の に も や ま に も わ か ば が し げ る あ れ に み え る は
こ こ ろ の ど か に つ み つ つ う た う つ め よ つ め つ め
シソレ
G D G D C G D7 G
ちゃ つ み じゃ な い か あ か ね だ す き に す げ の か さ
つ ま ね ば な ら ぬ つ ま にゃ に ほ ん の ちゃ に な ら ぬ
シソレ

水遊び

作詞：東 くめ　作曲：滝 廉太郎

1901（明治34）年に出版された『幼稚園唱歌』に掲載。作曲は「荒城の月」「花」「箱根八里」などでも知られる滝 廉太郎。滝は東京音楽学校を卒業後、ドイツのライプツィヒ音楽学校に留学しますが結核を患い帰国。享年は23歳でした。

G D G
G D
みずを たくさん くんできて
弾ける方はこのように
G C G
みずでっぽうで あそびましょう
D G
いちに さんし しゅっしゅっしゅっ

きのこ

作詞：まど・みちお　作曲：くらかけ昭二

作詞は「ぞうさん」「やぎさんゆうびん」でも有名なまど・みちお。まどの詩を、美智子皇后が英訳した『THE ANIMALS』が海外でも出版されており、1994（平成6）年、日本人として初めて「国際アンデルセン賞作家賞」を受賞しました。

♩=130
F
1. 2. き　き　き の こ　き　き　き の こ
ファ
左手をすべてオクターブで弾いてもいいでしょう
Gm
ノ コ ノ コ　ノ コ ノ コ　あ るい た り　し な い
ニョ キ ニョ キ　ニョ キ ニョ キ　う で なん か　だ さ ない
ソ
F
き　き　き の こ　き　き　き の こ
ファ
C
ノ コ ノ コ　あ るい た り　し な い け　ど
ニョ キ ニョ キ　う で なん か　だ さ な い　が
F
ファ

Dm Gm Dm
ぎ ん の あ め あ め ふっ た ら ば
ラ ファ レ
Dm C
せ い が の び て く る る る る る る る る
か さ が お お き く な る な る な る な る
ラ ファ レ
C F Gm
いきてる いきてる いきてる
ソ ド
ファ
F C F
いきてる きのこは いきてる んだね
ソ
ファ

季節の曲
あき

赤とんぼ

作詞：三木露風　作曲：山田耕筰

日本人の大多数が知る曲ではないでしょうか。作詞者の三木露風は象徴詩人、童謡詩人として知られる人物。幼くして母と離別しており、その経験が、詩に大きな影響をあたえたのではないかといわれています。

♩=62
F C F F
1. ゆ う や け
2. や ー ま の
3. じゅ う ご で
4. ゆ う や け
ド ファ
ファ レ ド
B♭ F
レ ファ
こ や け ー の あ か と ん ぼ
は た け ー の く わ の み を
ね え や ー は よ め に ゆ き
こ や け ー の あ か と ん ぼ
弾ける方はこの部分を８分音符で弾いてください。
>（アクセント）があるとよりいい
Dm B♭ F C F
お わ れ て み た の ー は ー い つ の ー ひ ー か
こ か ご に つ ん だ ー は ー ま ぼ ろ ー し ー か
お さ と の た よ り ー も ー た え は ー て ー た
と ま ー って い ー る ー よ ー さ お の ー さ ー き
♭シ ファ ド

季節の曲 あき

つき

文部省唱歌

1910（明治 43）年、文部省の編集として最初の『尋常小学校読本唱歌』に掲載。1941（昭和16）年『ウタノホン（上）』に掲載時「お月さま」と改題。1953（昭和 28）年から 1991（平成 3）年まで教科書に採用され、のべ半世紀近くも学校で親しまれた歌です。

ゆったりきれいに ♩=88
F C7 F
なめらかに、きれいに弾くよう心がけます
ファ ドラ ミ ドbシ
左手は静かに和音を２分音符で押さえるだけでもいい
1. でたでたつきが
2. かくれたくもに
3. まただたつきが
ファ ドラ
レ
なめらかに
まーるいまーるいまんまるい ぼーんの
くーろいくーろいまーっくろい すーみの
まーるいまーるいまんまるい ぼーんの
1. 2.
3.
ようなつきが
ようなくもに
ようなつきが
ファ ドラ

季節の曲
あき

まっかな秋

作詞：薩摩 忠　作曲：小林秀雄

1963（昭和 38）年 NHK テレビ番組『たのしいうた』で放送され、後に『みんなのうた』で再放送されました。作曲者の小林秀雄は童謡の他に、合唱曲、ピアノ曲などでも数多くの楽曲を発表しています。代表作である「落葉松」は特に有名。

ゆったり ♩=100
F F7 B♭ C7 F C7
mp
たっぷりと表情豊かに
F C7 F C7 F B♭ C7
1.〜3. まっかだな まっかだな
つたのはっぱが まっかだな
からすうりって まっかだな
ひがんばなって まっかだな
ソ ミ ♭シ
ファ
♭シ
F B♭ C7 F C7
もみじのはっぱも まっかだな しーずむゆうひに
とんぼのせなかも まっかだな ゆーうやけぐもを
とおくのたきびも まっかだな おーみやのとりいを
ソ ミ ♭シ
ファ ド ラ
ソ
mp
ファ ♭シ

*1 ritardando（リタルダンド）だんだん遅く　*2 フェルマータ（fermata）音符または休符を十分に延ばす。延長記号

F D7 Gm
て ーらされ て
ゆ ーびさし て
く ーぐりぬ け
まっ か な ほっ ぺたの
表情豊かに弾きましょう
G7 C F F7 B♭
き ーみとぼ く
まっ か な あきに
まっ か な あきに
まっ か な あきを
ペダルを使って余韻を
C7 F C7 F
かこまれて い る
よびかけて い る
たずねてま わ る
ペダルを使って余韻を
ド レ ミ ファ ソ ラ
rit.*1
*2

どんぐりころころ

作詞：青木存義　作曲：梁田 貞

1921（大正 10）年『かわいい唱歌』に発表されました。作詞者の青木存義は、文部省の国定教科書監修官などを歴任。青木の生家跡地にある、宮城県松島町立松島第五小学校には、この歌の碑が建てられています。

♩=54
1.どんぐりころころ どんぶりこ おいけにはまって さあたいへん どじょうがでてきて こんにちは ぼっちゃんいっしょに あそびましょう
2.どんぐりころころ よろこんで しばらくいっしょに あそんだが やっぱりおやまが こいしいと ないてはどじょうを こまらせた
右手のメロディーに和音をつけましょう

季節の曲
あき

まつぼっくり

作詞：広田孝夫　作曲：小林つや江

1936（昭和 11）年に制作されました。当時、小学 1 年生だった広田孝夫君の詩に、先生である小林つや江さんが曲をつけました。6 歳の男の子が作った詩だと思うと、さらに親しみがもてる曲ですね。

季節の曲
あき

紅葉《もみじ》

作詞：高野辰之　作曲：岡野貞一

作詞者の高野辰之が『万葉集』のうたを思いおこしながら、作詞されたのではないかといわれています。かつて高野が通い、また教鞭をとった永田小学校跡地にある「高野辰之記念館」（長野県中野市）に歌碑が建てられています。

♩=85
F　C7　F　F　C/E
1.あ　き　の　ゆ　う
2.た　に　の　な　が
Dm　C7　F　C/E　C7　F　C7
ひ　に　て　る　ー　や　ま　も　み　ー　じ
れ　に　ち　り　ー　う　く　も　み　ー　じ
F　C/E　Dm　C7　F　C/E
こ　い　も　う　す　い　も　か　ず　ー　あ　る
な　み　に　ゆ　ら　れ　て　は　な　ー　れ　て

C7 F F7/E♭ B♭/D Am/C Am
な か に ま つ を い ろ ど る
よ っ て あ か や き い ろ の
♭ミ ド ラ ファ
ファ レ ♭シ
ド ファ ド
弾ける方はこのように
F G7 C F F7/E♭
か え ー で や ー つ た は や ま の ふ も
い ろ ー さ ま ー ざ ま に み ず の う え
Dm C7 Dm C7 F
と の す そ ー も よ う
に も お る ー に し き

＊ アルペッジョ（arpeggio）和音の各音を同時にではなく、順番に演奏する奏法

季節の曲
あき

虫のこえ

文部省唱歌

国語教材として『尋常小学読本』に載せられましたが、後に『尋常小学読本唱歌』に唱歌教材として掲載されました。当初の歌詞は「きりきりきりきり きりぎりす」であったのですが、古名を現代の名に直し「きりきりきりきり こおろぎや」とされました。

F G C C F C
1.あ れ ま つ む し が
2.キ リ キ リ キ リキ リ
ラ ファ ド
ド ファ ソ
F C C C F C
な い て い る チンチロチンチロ チンチロリン あ れ す ず む し も
こ お ろ ぎ や ガチャガチャガチャガチャ くつわむ し あ と か ら う ま おい
弾ける方は左手をこのように弾くと
よりリズミカルになります
F C C F C
な き だ し た リンリンリンリン リーンリン あ き の よ な が を
お い つ い て チョンチョンチョンチョン スイッチョン
F C F C G C
な き と お す ああ お も し ろ い む し の こ え

季節の曲 ふゆ

あわてんぼうのサンタクロース

作詞：吉岡 治　作曲：小林亜星

クリスマスの定番曲のひとつ。サンタクロースの姿がとても楽しく、クリスマスを待ち切れない、わくわくした気持ちが感じられる曲です。手をたたいて足を踏みならしたり、鈴やタンブリンを使うなどしながら歌ってみましょう。

＊ 少しずつ遅く

F D7 G7 C7 F
スマスまえにやってきたいそいでリンリン
とつのぞいておっこちたあいたたドンドン
たがないからおどったよたのしくチャチャ
ちどくるよとかえってくさよならシャララン
いなおひげのおじいさんリンリンリンチャチャ
2 2 1 3 5
レ
F7 B♭ Bdim F/C
リンいそいでリンリンリンならしておく
ドンあいたたドンドンドンまっくろくろ
チャたのしくチャチャチャみんなもおど
ランさよならシャラランランタンブリンなら
チャドンドンドンシャラランランわすれちゃだめ
1 3

C7 F B♭ F
れ よ か ね を ー リン リン リン リン リン
け の お か お ー ドン ドン ドン ドン ドン
ろ よ ぼ く と ー チャ チャ チャ チャ チャ
し て き え た ー シャラ ラン ラン シャラ ラン
だ よ お も ちゃ ー シャラ リン リン チャ チャ
C7 F
1. 2. 3. 4.
5.
リン リン リン リン
ドン ドン ドン ドン
チャ チャ チャ チャ
ラン シャラ ラン ラン
チャ ドン シャラ ラン
2.〜5. あ わ
C7 F

季節の曲 ふゆ

赤鼻のトナカイ

作詞：J・マークス　　日本語詞：新田宣夫　　作曲：J・マークス

原題は「Rudolph The Red-Nosed Reindeer」。ベストセラーとなった児童書をもとに作られました。
原詞では、主人公の赤鼻のトナカイは「ルドルフ」と呼ばれ、他に名前が付けられた9頭のトナカイが登場しています。

♩=80

まっかなおはなの
トナカイさんは いつもみんなの
わーらいもの でもそのとしの
クリスマスのひ サンタのおじさんは

弾ける方は

RUDOLPH THE RED-NOSED REINDEER（赤鼻のトナカイ）
Words & Music by Johnny Marks
© Copyright 1949 by ST.NICHOLAS MUSIC, INC., New York, N.Y., U.S.A.
Rights for Japan controlled by Shinko Music Publishing Co., Ltd.,Tokyo Authorized for sale in Japan only

C F C
いーいーました た くらいよ みちはー
ソ レシ
Dm G7 C G Em
ピカピカ の おまえの はなが
レ ラ ソ ソ シ レ ミ ソ シ
Am7 D7 G7 C C
やくにた つのさー いつもない てた トナカイさん
ラ レシソ ド
G7 G C
は こよいこそ はと よろこびまし た
シ ソ レシ レ ド

お正月

作詞：東 くめ　作曲：滝 廉太郎

幼児向け唱歌集『幼稚園唱歌』に載せられた曲のひとつ。明治期の子どもの歌は古語をまじえた文語体のものが多く、難しく感じられていました。明治30年代に、言文一致唱歌の運動が興り、この曲のような口語体の歌が生まれたとされます。

楽しげに　♩=100

F C7 F C7 F
ド ラ ファ
ド ♭シ ミ
F C7 F C7
1.もう い く つ ね る と お しょ う が
2.もう い く つ ね る と お しょ う が
ファ ド ラ
ソ ミ ♭シ
ファ
ソ
F B♭ F F C7 F
つ お しょ う が つ に は た こ あ げ て
つ お しょ う が つ に は ま り つ い て
ファ ド ラ
ファ レ ♭シ
ファ
♭シ

F　Dm　Gm　C7　F　C7
こまをーまわして　あそびましょう　はやくー
おいばねついてー　あそびましょう
ソ レ ♭シ
ド ♭シ ミ
ファ ド ラ
3 ファ　5 レ　2 ソ
F　C7　F
こいこいおしょうがつ
ファ ド ラ
ソ ミ ♭シ
ファ　ソ
F　C7　F　C7　F
rit.*1
*2
ド ラ ファ
ド ♭シ ミ

*1 ritardando（リタルダンド）だんだん遅く　*2 フェルマータ（fermata）音符または休符を十分に延ばす。延長記号

北風小僧の寒太郎

作詞：井出隆夫　作曲：福田和禾子

NHK テレビ番組『みんなのうた』で放送されていました。冬が訪れ、冷たい風が吹くようになると、寒太郎の姿を思い浮かべる人も多いのではないでしょうか。

Am　B♭　C7　F7　Dm
1.きた
Dm　G
かぜー　こぞう　のかんたろう
弾ける方はこのように
Gm　Gm7　Am
ー
ことしもー　まちまで　やってきた
くちぶえー　ふきふき　ひとりたび
でんしんー　ばしらも　ないている

＊アルペッジョ（arpeggio）和音の各音を同時にではなく、順番に演奏する奏法

B♭ Gm7 Gm7
ヒュー ン ヒューン ヒュ ルル ン
ドラド ♭シファレ ♭シソレ
Am Gm7 C7
ルンルンルンルンー
ふゆでーござんーす
さむうーござんーす
ゆきでーござんーす
ヒュルルルルル
ドラミ レ♭シソ
ラ ソ
1. 2.
3.
Dm Dm C7 Dm
ルン 2. 3. きた ルン
レ レ

季節の曲
ふゆ

ジングルベル

日本語詞：宮澤章二　作曲：J・S・ピアポント

クリスマスが近づくと街中でもよく耳にする曲ですが、もともとクリスマスのために作られた歌ではありませんでした。タイトルも『One Horse Open Sleigh（屋根がなく、馬を１頭だけつないだそり）』といったようです。

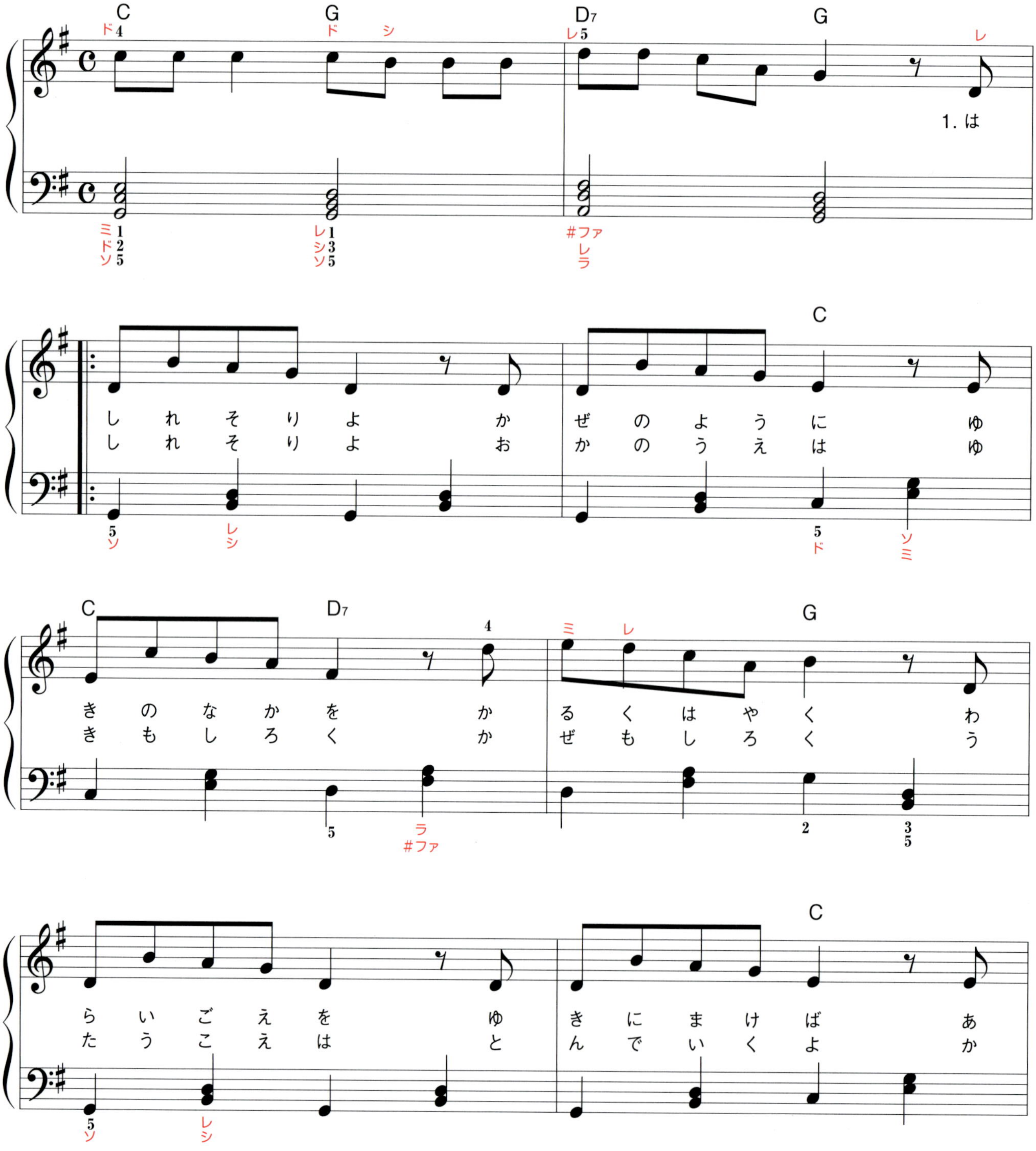
1. は
し れ そ り よ か ぜ の よ う に ゆ
し れ そ り よ お か の う え は ゆ
き の な か を か る く は や く わ
き も し ろ く か ぜ も し ろ く う
ら い ご え を ゆ き に ま け ば あ
た う こ え は と ん で い く よ か

C D7 G
かるいひかりのはなになるよ
がやきはじめたほしのそらへ
ソ レシ
C G
ジングルベル ジングルベル すずがなる すずのリズムにひか
ソ シ ソ
左手でこのフレーズを
弾きましょう
G D7 G
りのわがまう ジングルベル ジングルベル すずがなる
レ ラ #ファ ラ
同上
1. 2.
C G D7 G D7 G
もりにはやしにひびきながら 2.は びきながら
ソ シ
ラ #ファ レ
レ シ ソ

季節の曲
ふゆ

たきび

作詞：巽 聖歌　作曲：渡辺 茂

寒い季節がやってくると、よく歌われていますね。みんなでたき火を囲む情景を思いおこさせる味わい深い歌詞です。作詞者の巽 聖歌は岩手県日詰（現在の紫波郡紫波町）の出身。故郷である北国の風景が、詩の源流となっているのでしょう。

♩=104
G7 C C C G C F G C G C C F C C G C
1.かきねの　かきねの　まがりかど
2.さざんか　さざんか　さいたみち
3.こがらし　こがらし　さむいみち
たきびだ　たきびだ　おちばたき
あたろうか　あたろうよ
きたかぜ　ぴいぷう　ふいている
しもやけ　おててが　もうかゆい
そうだん　しながら　あるいていく
弾ける方はこのように

季節の曲
ふゆ

ゆき

文部省唱歌

歌詞にある「雪やこんこ 霰やこんこ」は各地に伝わるわらべ歌にも見ることができ、「こんこ」は「来よ来よ」が訛ったものだと考えられます。いつの時代も、子どもたちは雪が降るのが楽しみだったようです。

♩=104
B♭ F C7 F F F/E F/D F/C F C7 F F/E F/D F/C B♭ F F C7 F
1. 2.
ゆーきや こんこ あられや こんこ ふっては ふっては ずんずん つもる やーまも のはらも わたぼうし かぶり かれき のこらず はながさく
ふっても ふっても まだふり やまぬ いーぬは よろこび にわかけ まわり ねこは こたつで まるくなる
弾ける方はこのように

あそびの曲

アブラハムの子

作詞：不詳　訳詞：加藤孝広　作曲：不詳

右手、左手、右足、左足……といったように歌詞に合わせて身体を動かして歌うと、子どもたちも大喜びする曲。慣れてくれば、だんだんテンポを上げてみてもいいでしょう。レクリエーション・ソングとして話題となったことから、レコードが制作されました。

愉快に楽しく ♩=110
スイング！
注意！
G7
C
シ ソ ファ
ド
ソ ミ
1.~7.
ア ブ ラ ハ ム に は し ち に ん の こ
右手でメロディーを弾くのが難しければ、左手の１拍目を左手、２拍目を右手と分けて弾けば伴奏になります
Dm
ひ と り は の っ ぽ で あ と は ち び
レ
ラ ファ
み ー ん な な か よ く く ら し て る さ あ

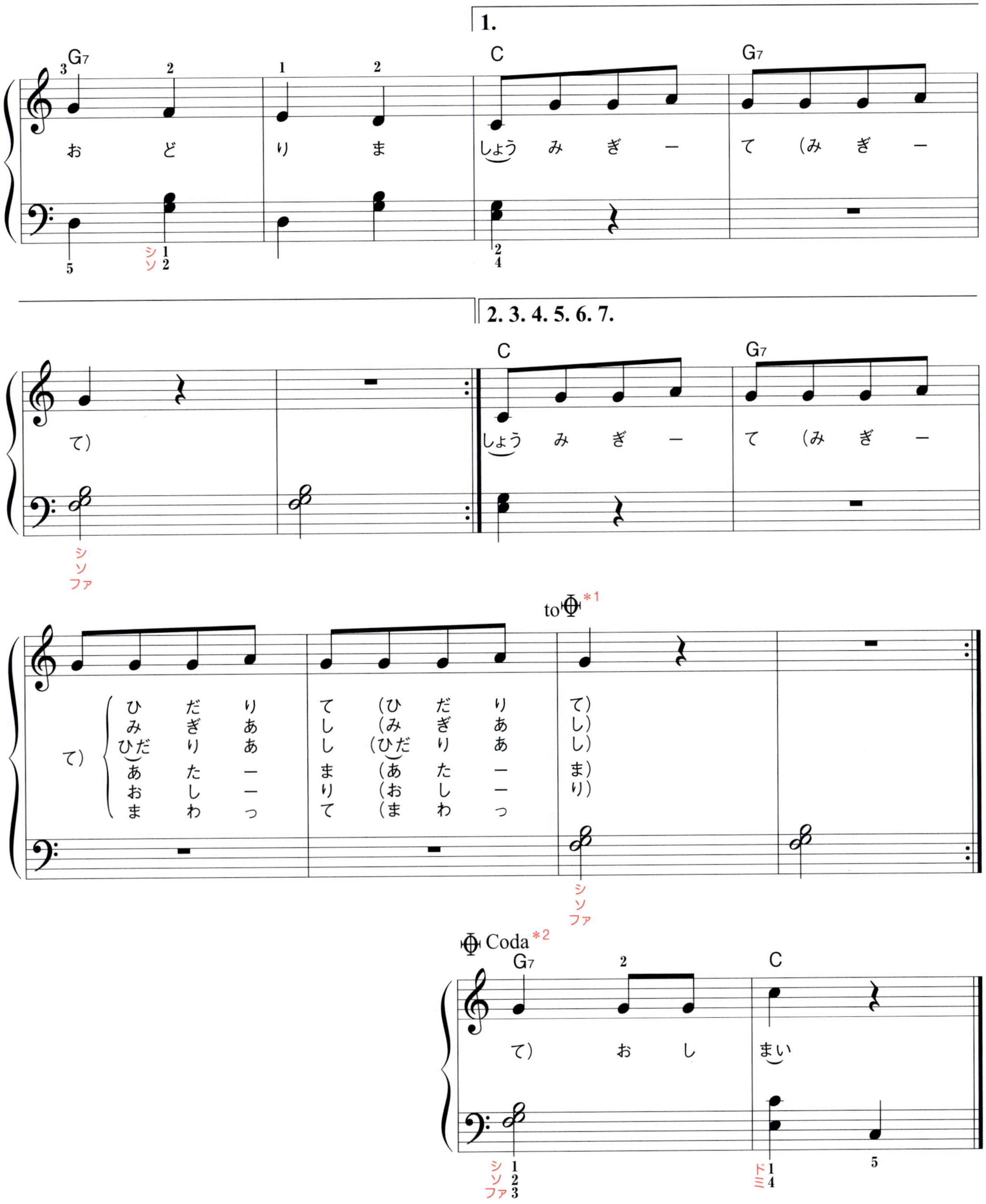

*1 くり返されたあと、最後の Coda に進む　*2 くり返されたあと、to からとびます

あそびの曲

あらどこだ

作詞：神沢利子　作曲：越部信義

動物たちの耳、ひげ、つのを手で表現したり、「あら どこだ」で身振りをつけるなどして歌っても楽しい曲です。たくさんの動物が出てくるので、幼い子どもとは少しずつ歌うようにするといいでしょう。

楽しく ♩=110
スイング！
注意！
B7 E7 A
A E7
1.ろ ば の み み は う え む い て
2.な ま ず の ひ げ は し た む い て
3.う し の つ の は あ た ま ー に
シ
ラ
1・3拍目を左手、2・4拍目を右手という伴奏でもいい
A B7
ぞ う の み み は し た む い て わ た し の み み は
ね こ の ひ げ は よ こ む い て や ぎ ー の ひ げ は
し か の つ の も あ た ま ー に さ い ー の つ の は
ラ
シ
E7
か お の よ こ わ に の み み は
あ ご の し た ぶ た の ひ げ は
は な の う え ラ イ オ ン の つ の は
ミミ
シシ
ミミ
1. 2.
3.
B7 E7 A A
あ ら ど こ だ だ
＊フェルマータ（fermata）
音符または休符を十分に延ばす。
延長記号
ラ
#レ

あそびの曲

アルプスいちまんじゃく

作詞：不詳　アメリカ民謡

この曲の歌詞は29番まであります。手遊びをするときに、だんだんとスピードを上げていくと楽しいですね。原曲はアメリカ民謡の「Yankee Doodle」。アメリカ合衆国マシュー・C・ペリーらが上陸した際に、米海軍音楽隊が演奏したといわれています。

1. アルプスいちまんじゃく こやりのうえで アルペンおどりを さあおどりましょ
2. おーはなばたけで ひるねをすれば ちょうちょがとんできて キスをする（ヘイ）
ランラララ ラララララ ランラララ ラララ ランラララ ラララララ ラララララ ラー
弾ける方は左手をこのように

あそびの曲

いとまき

作詞：不詳　デンマーク民謡

1980年代テレビ朝日の幼児番組『とびだせ！パンポロリン』で放送されました。歌詞にある「こびとさんのおくつ」を「○○ちゃんのおくつ」と子どもの名前に変えて歌っても楽しめます。

楽しく　♩=120

C7 F C7 F F
オクターブ上も一緒に弾くと、
よりイントロらしくなります
ミ ド ファ ラ ファ
いとまきまき　いとまきまき
C7 F C7 F F
ひいてひいて　とんとんとん
いとまきまき　いとまきまき
ひいてひいて　とんとんとん
できた　できた
ミ ソ ファ ド ラ
こびとさんの　おくつ
オクターブ上も弾いて
エンディングらしさUP！
rit.*1
*2

*1 ritardando（リタルダンド）だんだん遅く　*2 フェルマータ（fermata）音符または休符を十分に延ばす。延長記号

あそびの曲

大きなくりの木の下で

作詞：不詳　イギリス民謡

進駐軍の兵士たちが歌っていたともいわれていますが定かではありません。日本では戦後から親しまれるようになったようです。全身で大きなくりの木を表現して歌ってみましょう。

C G7 C C
おお き な く り の
ソド レソ ソド
弾ける方はこのように
C G C
き の し た で あ な ー た と
ソミド ソレシ
F C C G F
わ た し な か よ く あ そ び ま
G7 C C C G C
しょう おお き な く り の き の し た で
ソ ソファシ

あそびの曲

おはなしゆびさん

作詞：香山美子　作曲：湯山 昭

1962（昭和 37）年発表。NHK『みんなであそぼう』でラジオ放送されました。「お父さん指」「お母さん指」「お兄さん指」「お姉さん指」「赤ちゃん指」として、５本の指がお話しする可愛らしい歌詞。顔つき手袋をはめて歌い聴かせたい曲です。

楽しく ♩=110

D
D
1.このゆびパパ
2.このゆびママ
3.このゆびにいさん
4.このゆびねえさん
5.このゆびあかちゃん
#ファ
レ
ラ
mf
mf
1
レ
3
ラ

左手はテヌート（十分に音の長さを保つ）気味、右手は歯切れ良くスタッカート（音を短く切る）で

D
A7
A7
ふとっちょパパ　やあやあやあやあ　ワハハハハハハ
やさしいママ　まあまあまあまあ　オホホホホホホ
おおきいにいさん　オスオスオスオス　エヘヘヘヘヘヘ
おしゃれなねえさん　アラアラアラアラ　ウフフフフフフ
よちよちあかちゃん　ウマウマウマウマ　アブブブブブブ
#ファ
レ
ラ
ミ
#ド
ソ
mp
mf
レ
ラ
2
ミ

D
C
A7
D
お ー は な し す る
#ファ
レ
ラ
シ
ソ
レ
ミ
#ド
ソ
#ファ
レ
ラ
レ
ソ
ラ
歌と合わせて、少したっぷり弾きましょう
1. 2. 3. 4.
D
#ファ
レ
ラ
ラ
5.
D
G
A7
D
レ
ラ
レ
ソ
ミ
ラ
レ
#ファ

あそびの曲

カレーライスのうた

作詞：ともろぎゆきお　作曲：峯 陽

子どもたちに好きな食べ物を聞くと「カレーライス」という答えは多いのではないでしょうか。カレーライス以外の食べ物に歌詞を替えて歌うのもいいですね。エプロンシアターをしながら歌われることも多い曲です。

リズムに乗って ♩=110
スイング！
注意！
全て短6度*の音程です
C7 F C7 F F C7 F F C7 F C7 F F C7 F
1.にんじん たまねぎ じゃがいも ぶたにく おなべで いためて ぐつぐつ にましょう
2.おしお カレールー いれたら あじみて こしょうを いれたら はいできあがり （どうぞ）
3.ムシャムシャ モグモグ おみずも ゴクゴク そしたら ちからが もりもりわいてきた （げんき）
1. 2.
3.
イントロと同じでもいい

＊音程を表す単位。同じ高さにある音どうしを1度（同度）、隣り合った音は2度と数える

あそび の曲

げんこつやまのたぬきさん

わらべうた

中部地方の山間部に伝わるわらべうたがもとになっているようです。一部の人しか知らなかった歌ですが、NHK が新たに歌詞を付け加えた曲を制作、テレビで放送すると、それをきっかけに幼稚園などでも遊戯に取り入れられるようになりました。

Am E Am E
ミドラ
ミシソ
ラ
ミ
左手はすべて ♪.♬ で弾くと
リズムをよりよく表現できます
Am Em Am Em Am Em
げんこつやまの たぬきさん おっぱいのんで
ラ
ミ
Am Em Am G Em Am
ねんねして だっこしておんぶして またあした
ラ
ミ
ソ

あそび
の曲

こぶたぬきつねこ

作詞：山本直純　作曲：山本直純

歌いながらしりとり遊びができる曲です。動物の鳴き声や動作を表す歌詞がとても楽しいですね。子どもたちと色々な動物を考えて歌うのもいいでしょう。作詞・作曲を手がけた山本直純は作曲家・指揮者としても広く知られた人物です。

自由に楽しく　♩=115
スイング！
注意！
元気に
G7　C　C　G7
こ ぶ た （こ ぶ た） た ぬ き （た ぬ き） き つ
C　C7
ね （き つ ね） ね こ （ね こ） ブ ブ ブー （ブ ブ ブー） ポン ポコ
F　G7
ポン （ポン ポコ ポン） コ ン コン （コ ン コン） ニャー オ （ニャー オ）

あそびの曲

ごんべさんのあかちゃん

作詞：不詳　アメリカ民謡

「友だち讃歌」「おたまじゃくしはカエルの子」など、様々な歌詞でも歌われています。原曲とされる「リパブリック讃歌」はアメリカ南北戦争時代から歌われていたようです。

♩=108
Dm　G7　C
レ
ラ ファ レ
C　C
ごん べ さん の あ かちゃん が
か ぜ ひ い た (クシャン)
ド　ソ ミ
弾ける方はこのように
F　C
ごん べ さん の あ かちゃん が
か ぜ ひ い た (クシャン)
ごん べ さん の あ かちゃん が
ファ　ド ラ
C　Dm　G7　C
か ぜ ひ い た (クシャン) そ
こ で あ わ て て
しっ ぷし た
レ　ラ ファ　ソ　レ シ　ソ ド

あそび
の曲

しあわせなら手をたたこう

作詞：木村利人　アメリカ民謡

アメリカで広く歌われていたものが、後に日本に伝わったようです。坂本 九が歌ってヒットとなったことでも知られています。歌詞を替えて、色々な動きをして遊んでみましょう。

楽しく生き生きと ♩=105
スイング！
注意！
C7 F F
1.し あ わ せ な ら て を た た
わ せ な ら あ し な ら
わ せ な ら さ い しょ か
mf
ファ
ド
ラ
シンプルに としてもいい
C7 C7 F F F7
こう（手拍子） し あ わ せ な ら て を た た こう（手拍子）
そう（足踏み） し あ わ せ な ら あ し な ら そう（足踏み）
ら（自由に） し あ わ せ な ら さ い しょ か ら（自由に）
し あ わ せ な ら た い ど で
1. 2.
3.
B♭ C7 F F
し め そ う よ ほ ら み ん な で
て を た た こう（手拍子） 2.し あ
あ し な ら そう（足踏み） 3.し あ
さ い しょ か ら（自由に）
＊

＊ フェルマータ（fermata）音符または休符を十分に延ばす。延長記号

あそびの曲

とんとんとんとんひげじいさん

作詞：不詳　作曲：玉山英光

「とんとんとんとん」と歌い出しから楽しい曲です。「ひげじいさん」を「アンパンマン」や「ドラえもん」にして歌う、色々なバージョンの歌詞があります。

手をたたきましょう

作詞：小林純一　作曲：不詳

リズム遊び・模倣遊びなどに使われている、明るく楽しい曲です。アメリカの幼児教育に用いられていた曲に、日本の幼児に合う歌詞がつけられました。

楽しく ♩=115
G7
C
G7
C
1.～3.て を ー た た ー き ま ーしょう
元気に
ソ
F
C
C
タン タ ン タン
タン タ ン タン
あ し ー ぶ み ー
ラ
ファ
ド
ファ
同じ音のままでもいい
F
C
し ま ーしょう
タン タ ン タン タン タン タン タン
同じ音のままでもいい

C
わ ら い ま しょう アッ ハッ ハッ
お こ り ま しょう ウン ウン ウン
な き ー ま しょう エン エン エン
C
わ ら い ま しょう
お こ り ま しょう
な き ー ま しょう
ソ
歌に合わせて歯切れよく
F
D7
アッ ハッ ハッ アッ ハッ ハッ アッ ハッ ハッ
ウン ウン ウン ウン ウン ウン ウン ウン ウン
エン エン エン エン エン エン エン エン エン
ソ ミ ♭シ
ド ラ ファ
ラ ♯ファ ド
ファ
同上
同上
同上
G7
C
G7
C
あ あ お も し ろ い
ソ ファ シ
ミ ド ソ
＊
ソ ラ シ
同上
元気に

＊フェルマータ（fermata）音符または休符を十分に延ばす。延長記号

あそびの曲

むすんでひらいて

作詞：不詳　作曲：J.J. ルソー

歌詞に合わせて手をにぎったり、ひらいたりして遊ぶ、楽しい手遊び歌として親しまれていますが、軍歌、讃美歌としても知られているメロディー。童謡として定着したのは戦後からのようです。この原曲は日本だけでなく世界各地に広まっています。

♩=108
1.～3.
むすーんで　ひらいーて　てをーうって　むーすんで
またひらいて　てをうって　そのーてを
うえに
よこに
したに
むすーんで　ひらいーて　てをーうって　むーすんで
弾ける方はこのように

あそびの曲

やきいもグーチーパー

作詞：阪田寛夫　作曲：山本直純

「グー・チー・パー」に合わせて、手の形を変えて遊ぶと楽しいですね。作詞は小説『土の器』で芥川賞作家でもあり、童謡「サッちゃん」の作詞でも有名な阪田寛夫。

楽しく ♩=110
スイング！
注意！
1. 2. やきいもやきいも
おなかがグー
ほかほかほかほか
あちちのチー
たべたらなくなる
なんにもパー
それやきいもまとめて
グーチーパー
グーチーパー
弾かずに休符にしてもいい
歌に合わせて元気よく

大好き!
な曲

アイ・アイ

作詞：相田裕美　作曲：宇野誠一郎

アイアイとはマダガスカルに生息する原猿。リスやムササビに似ており、夜行性です。明るい曲調と分かりやすい歌詞が親しまれ「かわいいおサルさん」のイメージが強いですが、現地では不吉な動物といわれていました。現在では絶滅の危機に瀕しています。

元気に明るく ♩=115

＊ アルペッジョ（arpeggio）和音の各音を同時にではなく、順番に演奏する奏法

アイスクリームのうた

作詞：佐藤義美　作曲：服部公一

日本で初めてアイスクリームが作られたのは、1869（明治2）年、横浜であったとされています。この曲は1962（昭和37）年NHKテレビ番組『みんなのうた』で放映されました。また2009（平成21）年に、替え歌がアイスクリームのCM曲として使われ話題となりました。

♩=115　ゆっくりマーチ
スイング！
注意！
C　G7　C　G7　C　C
1. おとぎばなしの
ぎばなしの
ソ　ファ　ミ　レ
ミ ド ソ　レ シ ファ　ド ソ ミ　シ ファ レ
mf
元気に歯切れよく
G7　C　C　F♯dim7
おうじでも むかしは とても たべられない アイスクリー
おうじょでも むかしは とても たべられない アイスクリー
ファ レ シ　ソ　ドラ♯レ　♯ファ
dim7コードは難しく感じるかもしれませんが、大事な響きですのでしっかりと
G7　F　G7　C
ム　アイスクリーム　ぼくは おうじでは
ム　アイスクリーム　わたしは おうじょでは
シ ファ ♮レ　ラ ファ ド　ソ ファ シ
ソ　ファ

G7 C C F♯dim7 G7
ないけれど アイスクリームを めしあがる
ないけれど アイスクリームを めしあがる
スプーンですくって ピチャッチャッチャッした
ファ レ シ
ソ
#ファ
C F G7 C G7
にのせると トロントロ のどをおんがくたいが とおりま
ファ ド ラ
ソ ファ シ
ソ
ファ
C D7 G7 D7 G7
す プカプカドンドン つめたいね ルラルラルラ あまいね チー
mp
ラ #ファ ド
ソ ♮ファ シ
ソ
ラ

1.
2.
E7 Am D7 G7 G7
タ カタッタッタッ おいしいね アイ スクーリーームは たのしいね2.おと たのしいねおと
シ #ソ レ
ラ #ファ ド
mf
ソ ファ シ
ミ シ ラ レ ソ
C G7 C C F♯dim7
ぎばなしの おうじでも むかしはとても たべられないアイスクリー
ファ レ シ
ソ
#ファ
G7 F G7 D7 G7 C C G7 C
ム アイスクリーーム
シ ファ レ
ラ ファ ド
ソ ファ シ
ラ #ファ ド
シ ♮ファ レ
ド ソ ミ
ソ
ラストは思いきり元気に大きく

大好き!
な曲

あめふりくまのこ

作詞：鶴見正夫　作曲：湯山 昭

作詞者の鶴見正夫が、２階の窓から庭をながめていると、当時小学１年生の息子がしゃがんで雨の流れを見ているのが見えました。その姿をモデルに、この詩が制作されたようです。NHK テレビ番組『うたのえほん』で放送され、広く親しまれるようになりました。

D G A7 D D G A7 D A7 D G A7 D
mf
1. おやまに あーめが ふりました あとから あとから ふってきて ちょろちょろ おがわが できました
2. いたずら くまのこ かけてきて そうっと のぞいて みてました さかなが いるかと みてました
3. なんにも いないと くまのこは おみずを ひとくち のみました おててで すくって のみました
4. それでも どこかに いるようで もいちど のぞいて みてました さかなを まちまち みてました
5. なかなか やまない あめでした かさでも かぶって いましょう あたまに はっぱを のせました
弾ける方はこのように

大好き!
な曲

大きなたいこ

作詞：小林純一　作曲：中田喜直

1952（昭和 27）年 NHK ラジオ番組『幼児の時間』で放送。歌に合わせて、楽器を鳴らしたり手をたたくなどしてもいいですね。「大きな」は大きく「小さな」は小さくと、強弱をつけて歌うのも楽しいでしょう。

元気に　♩=56　弾ける方は何度もくり返す度に、テンポを早くしてみましょう！

F
おおきなたいこ　ドーン　ドーン
ラ
ファ
ド
ちいさなたいこ
C
トン　トン　トン
ソ
ミ
ド
B♭
レ
F
C
おおきなたいこ　ちいさなたいこ
♭シ
ファ
レ
ラ
ファ
ド
ドーン　ドーン
F
トン　トン　トン
ソ
ミ
ド

大好き!
な曲

かえるの合唱

作詞：岡本敏明　ドイツ民謡

輪唱でお馴染の曲。お友だちと一緒に歌ってみましょう。かえるの鳴き声を真似た歌詞が楽しいですね。詞は「どじょっこふなっこ」の作曲者でもある岡本敏明。

大好き!
な曲

朝いちばんはやいのは

作詞：阪田寛夫　作曲：越部信義

NHK テレビ番組『みんなのうた』で放映され人気となりました。次々と色々な職業の人が出てくる楽しい歌です。他にもたくさんの仕事を当てはめて歌ってみてはどうでしょう。

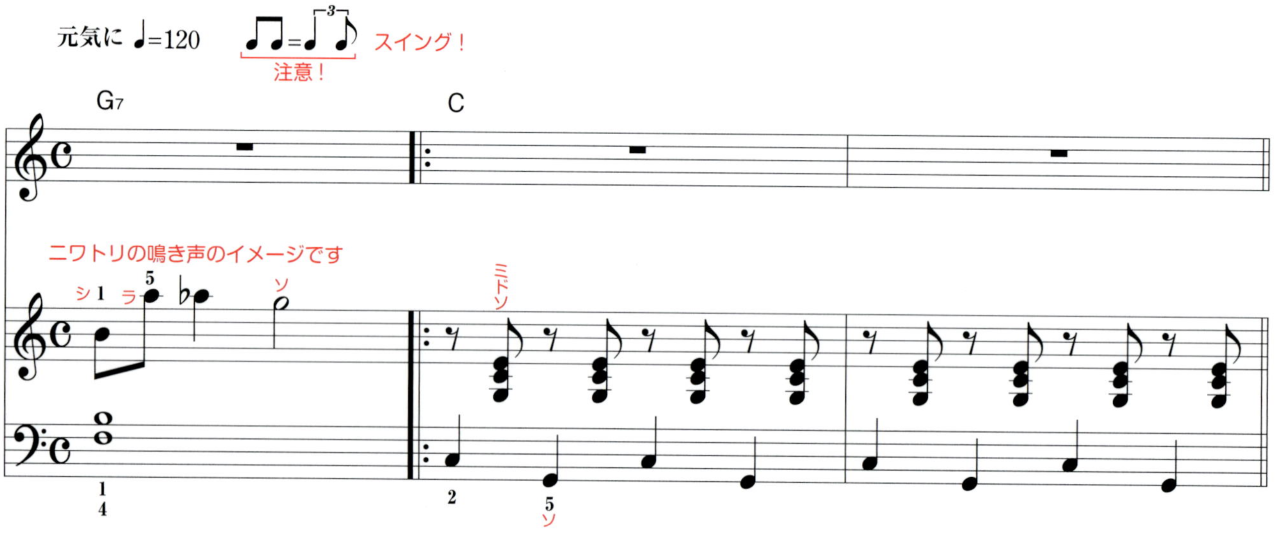

元気に ♩=120
スイング！
注意！
G7
C
ニワトリの鳴き声のイメージです
シ
ラ
ソ
ミドソ
ソ

C
D7
G7
1. あ さ い ち ば ん　は や い の は　パ ン　や　の お じ さ ん
2. お ー つ ー ぎ は　と う ふ や さ ん　は げ あ た ま　の お じ さ ん
3. そ の つ ー ぎ は　ぎゅ う にゅ う や さ ん　め が　ね　の に い さ ん
4. ま だ ま ー ー だ　は や い の は　し ん ぶ ん　の は い た つ
5. あ さ い ち ば ん　お そ い の は　ぼ く ん ち　の に い さ ん
ミドソ
ソ
ファ
シ
ソ
レ
コミカルなイメージで

G7 C C E♭dim Dm7 G7 C
あ せ か ー い て あ か い か お し ろ い こ な こ ね る
が ん も ー に ー あ ぶ ら あ げ ホ ー ラ ホ ラ で き た
カ チャ カ チャ カ チャ じ て ん しゃ で ぎゅ ー う にゅう を く ば る
キュ ー キュ キュ キュ と し ご い て は は ー い ちょうかん お は よ
た た こ ー う が ゆ す ろ う が ぐ ー う ぐ う ね て る
1. 2. 3. 4.
5.
G7 C C
ヨイ コ ラ ショ ヨイ コ ラ ショ
ジュー ジュ ジュ ジュ ジュー ジュ ジュ ジュ
カ チャ カ チャ カ チャ カ チャ
キュ キュ キュ キュ キュ キュ キュ キュ
グー フン ガ フン ガ グー フン ガ フン ガ
歌と合わせて楽しく
C G7 G7 C
グー フン ガ フン ガ グー フン ガ フン ガ
f

大好き!
な曲

ありさんのおはなし

作詞：都築益世　作曲：渡辺 茂

テンポのよい、とても可愛らしい曲。発表会などで、振り付けをつけて歌われたりもします。「たき火」「ぞうさん」「ふしぎなポケット」などでも知られる渡辺 茂が作曲。

可愛らしく ♩=108
F
C7
F
1
1
レ
ミ
ファ
1
5
ラ
ファ
2
4
♭シ
ミ
F
C7
F
1. 2. あ り さん の お は な し き い た か ね
優しく「ズン・チャッ・チャー」と3拍子のリズムを刻みましょう
ファ
ド
ラ
ソ
ミ
♭シ
ファ
ド
このように右手コードを分解してもいい
F
C7
F
ち い さ な こ え だ が き こ え た よ
な い しょ の こ え だ が き こ え た よ
ファ
ド
ラ
ファ

*1 ritardando（リタルダンド）だんだん遅く　*2 フェルマータ（fermata）音符または休符を十分に延ばす。延長記号

大好き！
な曲

アンパンマンのマーチ

作詞：やなせ・たかし　作曲：三木たかし

子どもたちに大人気のアンパンマンのテーマソング。JR 四国「アンパンマン列車」では車内チャイムに、この曲が流れています。前向きさと力強さが感じられる曲ですね。

元気に力強く　♩=160

D7
G
そ う だ
#ファ 4
ド 2
ラ 1
mf
ソ レ シ
ソ
1
左手は根音《こんおん》(ルート音)*1と5度*2を
交互に弾きます。行進するように力強く
C
A7
D7
う れ し い ん だ　い き る よ ろ こ び
ド　ソ　ラ　ミ　レ　ラ
G
C
A7
D7
た と え　む ね の き ず が　い た ん で
ソ

*1 和音を構成している１番下の音　*2 音程を表す単位。同じ高さにある音どうしを１度（同度）、隣り合った音は２度と数える

G G C G C G
も
1. なんのために うまれて なにをして
2. なにがきみの しあわせ なにをして
ソレシ
ソ
シ
A7 D7 G C G C G
いきるのか こたえられない なんて そんなのは
よーろこぶ わからないま まおわる そんなのは
ミ #ド ソ
ファ ♮ド ラ
ソ
シ
D7 G *3 A7 D7 B7
いいやだ! いまをいきる ことで あついこころ
いいやだ! わすれないで ゆめを こぼさないでは
ときははやく すぎる ひかるほしは
mp
ソレシ
ラ
ソ
#ファ

*3 セーニョ (segno) *D.S.* からこの記号に戻り演奏する

Em D7 G E7 A7
もえる だから きみは いくんだ ほほえん
なみだ だから きみは とぶんだ どこまで
きえる だから きみは いくんだ ほほえん
ソレシ
5 シ
2 ラ
3 ソ
5 ミ
3
1
D7 G C A7
で そうだ うれしいんだ いきるよ
も そうだ おそれないで みんなの
で そうだ うれしいんだ いきるよ
レレ
mf
ソレシ
2
5 レ
5 ソ
ペダルを踏むといい
D7 G C A7 D7
ろこび たとえ むねのきずが いたんで
ために あいと ゆうきだけが ともだち
ろこび たとえ どんなてきが あいてで
ラ #ファ ド
ソレシ
ラ
ソ

*4 ダル・セーニョ (dal segno) 𝄋 まで戻り、fine またはフェルマータまで演奏する

大好き!
な曲

うたえバンバン

作詞：阪田寛夫　作曲：山本直純

合唱曲としても人気の高い曲です。NHK テレビ番組『みんなのうた』で放映されていました。歌詞にあるように、口を大きく開けてのびのびと歌いましょう。

♩=120
C F Dm G7 C C
1. く ーち を おお き く
2. カッ カカッ カ プン プン
3. む ーね を グー ン と
C A7 Dm
あ けまして
す るかわり
は りまして
うたってごらん アイ アイ アイ
弾ける方はこのように

Dm
G7
そのうたグングン ひろがって だれかのこころと
ちょっぴりおなかも へるけれど こころがドカンと
いつでもどこでも どなたでも こころがホカホカ
レシソ
ラ
1 4
5
ソ
弾ける方はこのように
C
G7
C
G7
こんにちは
ひらきます
あったまる
あああ いい な ー
うたごえは アイ アイ
あおいそら アイ アイ
うたごえは アイ アイ
1 3 5 3
1 3 5 3
ソ
1
4
C
Fm
C
アーイ ーせかい いっぱい いっぱい いっぱい ララ
アーイ ーあたらしいひがいま ララ
アーイ ーうちゅう いっぱい いっぱい いっぱい ララ
1
4
2

G C C
ひ び き あ う ー
や っ て く る ー
ひ び き あ う ー
う た う た え ー う た う た え ー う た え
ドソミ
ソレ
ソ
C A7 Dm
バン バン バン バン バン ー う た う た え ー う た う た え う た え
ミド#ラ
ファレラ
ソ
1. 2.
3.
G7 C C
バン バン バン バン バーン
バーン
ファレシ
ミドソ
シ
5 3
5 1 3 1
ド ド シ ラ

大好き!
な曲

おはながわらった

作詞：保富康午　作曲：湯山 昭

「おはながわらった」とくり返されるので、幼い子どもにも覚えやすい曲です。やさしく歌ってみましょう。

明るく　♩=80

大好き! な曲

宇宙船のうた

作詞：ともろぎゆきお　作曲：峯 陽

宇宙を探検するという夢にあふれた曲です。宇宙飛行士に憧れる子どもは多いのではないでしょうか。「じゅんび！ OK しゅっぱつ！ OK」はとくに、本物の宇宙飛行士の気分になれますね。

♩=112
C
G7
ソミド
C
1.~3.
うちゅうせんにのって
G7
C
げんきにゆこう
ド
ぼくらはこども
ド
の

G7 C C
4
う ちゅ う の たん け ん たい
このようにすき間を埋める
オブリガート（助奏）を入れてみる
G7 C G7 C
じゅんび！ OK しゅっぱつ！ OK
スピード！ OK エンジン！ OK
じゅんび！ OK ちゃくりく！ OK
レシソ ミドソ
F G7 C
5 4 3 2 1 はっしゃ
ラン ラン ラン ラン ラン すすめ
ラン ラン ラン ラン ラン ちゃくりく
ぼ く ら を の せ て
ドラファ シソレ ソミド
F C F G C
ド シ ラ
ほ し の あ い だ を か け ま わ れ
ラファド ドラファ ミドソ

大好き!
な曲

おおきい木

作詞：まど・みちお　作曲：金光 威和雄

合唱曲としても広く歌われています。樹木が持つ生命力を感じられる歌詞です。イメージをふくらませてみてください。喉の奥、口をしっかりあけて歌いましょう。

♩=112
F
C7
F
1. ち　い　さ　な
2. あ　め　の　ひ
3. ひゃ　く　ね　ん
ファ
ファ
C
F
C
た　ね　か　ら　め　を　だ　し　て
か　ぜ　の　ひ　が　ん　ば　っ　て
せ　ん　ね　ん　こ　こ　に　い　て
ソ　ド　ミ
ファ
ファ
弾ける方はこのように
F
F
C
こ　ん　な　に　お　お　き　く　な　っ　た　の

F C7 F C7
か　お　おきいき　お　おきいき　お　おきい
ファ ラ ド ファ
弾ける方はこのように
F B♭ F B♭
き
じゅうにんで　かかえても　まだてが
しずかに　たっている　むらじゅう
まだまだ　のびてゆく　てんにも
ファ ソ
ファ
ファ
♭シ
♭シ
1. 2.
3.
G F G F C7 F
とどかない　とどかない
みおろして　みおろして
とどくまで　とどくまで
ソ
ソ

大好き！な曲

おすもうくまちゃん

作詞：佐藤義美　作曲：磯部 俶

当初「おすもう」というタイトルで発表されました。作詞は「犬のおまわりさん」などで有名な佐藤義美。佐藤の出身地である大分県竹田市には、1998（平成10）年、氏の仕事場を再現して建てられた『佐藤義美記念館』が開館されています。

元気に楽しく ♩=105
スイング！
注意！
B♭ E♭ F7 B♭
B♭ Gm7 Cm7 F7
1. 2. おすもう　くまちゃん　くまのこちゃん
「ズン・チャッチャ・ズン・チャ」とハネる感じで弾きます
B♭ Gm7 Cm7 F7
はっけ　よいよい　はっけよい　はっけよい

B♭ Gm7 Cm7 F7
どちらがつよいか はー あっけよい
ころんでまけても はー あっけよい
ファ レ ♭シ
ファ ♭ミ ラ
♭シ ソ ファ
B♭ E♭ F7 B♭
しっかりしっかりしっかりね
ないてはだめだよだめですよ
♭シ レ
♭シ ソ
ラ ♭ミ
♭シ ファ
B♭ E♭ F7 B♭
♭シ

大好き！
な曲

おばけなんてないさ

作詞：槇 みのり　作曲：峯 陽

多くの子どもたちにとって怖い存在である「オバケ」を、明るく歌っています。怖い気持ちを吹き飛ばすように元気よく歌いましょう。

♩=105
スイング！
注意！
G D7 D7 G G D7
1.おばけなんてないさ
2.ほんとにおばけが
3.だけどこどもなら
4.おばけのともだち
5.おばけのくにでは
mf
ソレシ
ラファ#ド
シソレ
ラ#ファレ
ソ
レ
D7 G G D7 D7 G
おばけなんてうそさ　ねーぼけたひとが　みまちがえたのさ
でてきたらどうしよう　れいぞうこにいれて　かちかちにしちゃおう
ともだちになろう　あくしゅをしてから　おやつをたべよう
つれてあるいたら　そこらじゅうのひとが　びっくりするだろう
おばけだらけだってさ　そんなはなしきいて　おふろにはいろう
ソレシ
レ
ソ

A7 A7 D7
だけどちょっと だけどちょっと ぼくだって こわいな
ラ ミ #ド
mp
ラ
大げさにクレッシェンドしてドキドキする感じを
#ファ ♮ド ラ
レ
G D7 D7 G
おばけなんてないさ おばけなんてうそさ
mf
ソ レ シ
#ファ ド ラ
ソ
レ
1. 2. 3. 4.
5.
G G
ソ
mp
ソ
レ
シ レ
ラ ド
ソ シ
ソ レ シ

大好き! な曲

おつかいありさん

作詞：関根栄一　作曲：團 伊玖磨

テンポのよい、とても可愛らしい曲。発表会などで、振り付けをつけて歌われたりもします。また、蟻がたくさん出る時期に季節の歌として、おやつや給食を食べる前に歌われています。

D G A D
レ ラ ソ ソ ラ ラ ラ #ファ レ
D G D G D
レ
1. あんまりいそいでこっつんこ
2. あいたたごめんよそのひょうし
シソレ
G A
ありさんとありさんとこっつんこ
わすれたわすれたおつかいを
弾ける方は左手をこのように
D G A D
あっちいってちょんちょんこっちきてちょん

大好き！
な曲

おなかのへるうた

作詞：阪田寛夫　作曲：大中 恩

1960（昭和 35）年、雑誌『チャイルドコーナー』に掲載されました。「どうして……かな？」「かあちゃん」と話しかけるように歌ってみましょう。

♩=104
D　D
1.　2.どうして
おなかが　へるのかな
G
けんかを　すると
おやつを　たべないと
へるのかな
へるのかな
D　F♯m　Bm
なかよし　してても　へるもん　なー
いーくら　たべても　へるもん　なー
弾ける方はこのように
Em　A　Em　A　D
かあちゃん　かあちゃん　おなかと　せなかが　くっつく　ぞ

大好き!
な曲

さんぽ

作詞：中川李枝子　作曲：久石 譲

アニメ映画『となりのトトロ』（1988 年・宮崎 駿監督）オープニング曲。「あるこう あるこう」と軽快に歌いながら、子どもと出かけたくなる曲です。

歩く早さで、歯切れよく
F Em Dm7 Am7/G C
C G7 C Dm G
1.2. あ る こう あ る こう わ た しは げ ん き
F Em Dm7 G7 C
あ るく のー だい す き ど んど んい こ う

Fm C Fm C
さかみちー トンネルー くさっぱら
みつばちー ぶんぶんー はなばたけー
Am Em F D7 G7
いっぽんばしにー でこぼこじゃりみち
ひなたにとかげー へびはひるね
C Em F G7 C
くものすくぐっーてー くだりみち
ばったがとんーでー まがりみち

大好き! な曲

そうだったらいいのにな

作詞：井出隆夫　作曲：福田和禾子

「北風小僧の寒太郎」をはじめ、多くの楽曲を生み出した、作詞・井出隆夫、作曲・福田和禾子のコンビによるもの。大人になっても「そうだったらいいのにな」とふと思うことはあるのではないでしょうか。誰もが思い浮かべるフレーズが、可愛らしく歌われています。

たのしく元気に

C
1. うちのおにわがジャングルで
2. チビッコギャングのおやぶんで
3. サンタクロースつかまえて
4. まほーつかいときょうだいで
G7 G7 C C7
こいぬのタローがライオンだ
おおきなゴリラがようじんぼう
うちだけまいばんクリスマス
こまったときーは★★★★★
そーうだったら
★まほうの言葉「チチンプイ」などを入れてみましょう
F G7 C
いいのにな　そーうだったらいいのにな

大好き!
な曲

たのしいね

作詞：山内佳鶴子　補詞：寺島尚彦　作曲：寺島尚彦

ストレートなタイトルのとおり、歌うと楽しくなれる曲です。手拍子がよりいっそう、気分を盛り上げてくれます。作曲を手がけた寺島尚彦を、第二次世界大戦での沖縄戦を歌った「さとうきび畑」で知る人は多いでしょう。

C7 F F Gm
ン とおとがする あなたのみぎて
ん なこえがする あなたのこえと
C F F B♭
わたしのひだりて あわせてみよう
わたしのこえと あわせてみよう
F Gm F C C7 F
ぐーっとすてきな おとがする ぐーっとあかるい
ぐーっとすてきな うたになる ぐーっとあかるい
1. 2.
Gm F F C7 F F C F
おとがする おとがする
うたになる うたになる

大好き!
な曲

小さな世界

作詞：R.M. シャーマン／R.B. シャーマン　作曲：R.M. シャーマン／R.B. シャーマン　日本語詞：若谷和子

ディズニーパークにあるアトラクションのテーマソングとして有名な「It's a small world」。世界中で歌われている曲です。作詞・作曲家であるシャーマン兄弟は、ディズニー映画音楽を数多く手がけたことで有名です。

♩=118
G
D7
G
C
Am7
1. せ か い じゅ う ど こ だ っ て わ ら い あ り な み だ あ り み ん な そ れ ぞ れ た す け あ う ち い さ な せ か い ー せ か い は
い じゅ う だ れ だ っ て ほ ほ え め ば な か よ し さ み ん な わ に な り て を つ な ごう
弾ける方はイントロをつける
ソ レ シ
レ ラ #ファ
ラ シ
ド ソ ミ
ラ ミ ド

D7
せ　ま　い　せ　か　い　は
レ　ラ　#ファ
G　G　G7
レ
お　な　じ　せ　か　い　は
ソ　レ　シ
5　2　1　2
ソ　レ　ファ　レ
C　Am7　D7
ま　る　い　た　だ　ひ　と
ド　ソ　ミ　ラ　レ
1.　2.
G　G
シ
2　3
つ　ー　2. せ　か
ソ　レ　シ

大好き!
な曲

となりのトトロ

作詞：宮崎 駿　作曲：久石 譲

アニメ映画『となりのトトロ』（1988年・宮崎 駿監督）エンディング曲。雨の日がドキドキしてくる歌詞です。つい「トトロ トトロ」とサビの部分を口ずさんでしまう人も多いはず。

明るく軽快に　♩=125　左手の8分音符のキープが難しいと感じたら、4分音符にしてかまいません。弱々しくならないように

B♭　Am7　Dm7　Gm7　C7sus4　C7　C7sus4　C7
ペダルを使って
抑揚をつけてドラマチックに
F　Fmaj7/E　Dm7　Am/C
1.だ れ か が ー　こ っ そ り ー
2.あ め ふ り ー　バ ス て い ー
mf　シンコペーション*1すると ノリが出ます
4分で刻んでもいい
simile*2
B♭　B♭m　C7sus4　C　C7sus4　C7
こ み ち に こ ー の み う ず め て
ズ ブ ヌ レ オ ー バ ケ が い た ら

*1 強拍と弱拍の位置をずらしリズムを変化させる　*2 シーミレ（simile、simili）同様に、続けて。

F　Fmaj7/E　Dm7　Am/C　Dm7
ちっ さ な め ー　は え た ら ー
あ な た の ー　あ ま ガ サ ー
Gm7　B♭m　F　Dm7
ひ み つ の あ ん ご う ー　も り へ の パ ス ポ ー ト ー
さ し て ー あ げ ま しょう ー　も り へ の パ ス ポ ー ト ー
B♭　C7sus4　C7
す て き な ぼ ー う け ん　は じ ま る ー　と な り の
ま ほ う の と ー び ら　あ き ま す ー　と な り の
サビに入る前の"キメ"です

F C7 C7 C♯dim7 Dm7
(1.𝄋)トトロ トト ーロ トトロ トト ーロ
(2.)トトロ トト ーロ トトロ トト ーロ
右手の刻み方（リフ）を
加えたパターンも
B♭m Am7 Dm7 Gm7 Gm7/C C7
もりの なかにー むかしからすんでるー となりの
つきよ のばんにー オカリナふーいてるー となりの
F C7 C7 C♯dim7
トトロ トト ーロ トトロ トト
トトロ トト ーロ トトロ トト

＊3 セーニョ（segno）*D.S.* からこの記号に戻り演奏する　＊4 *D.S.* でくり返されたあと、最後の 𝄌 Coda に進む

*5 ダル・セーニョ（dal segno）𝄋まで戻り、fine またはフェルマータまで演奏する　*6 *D.S.* でくり返されたあと、to ⊕ からとびます

*7 フェルマータ（fermata）音符または休符を十分に延ばす。延長記号

大好き! な曲

ドロップスのうた

作詞：まど・みちお　作曲：大中 恩

涙が「ぽろんぽろん」と世界に散らばり、ドロップスになったとする泣き虫神様の歌詞とメロディーが、ファンタジーな世界を作りだしています。

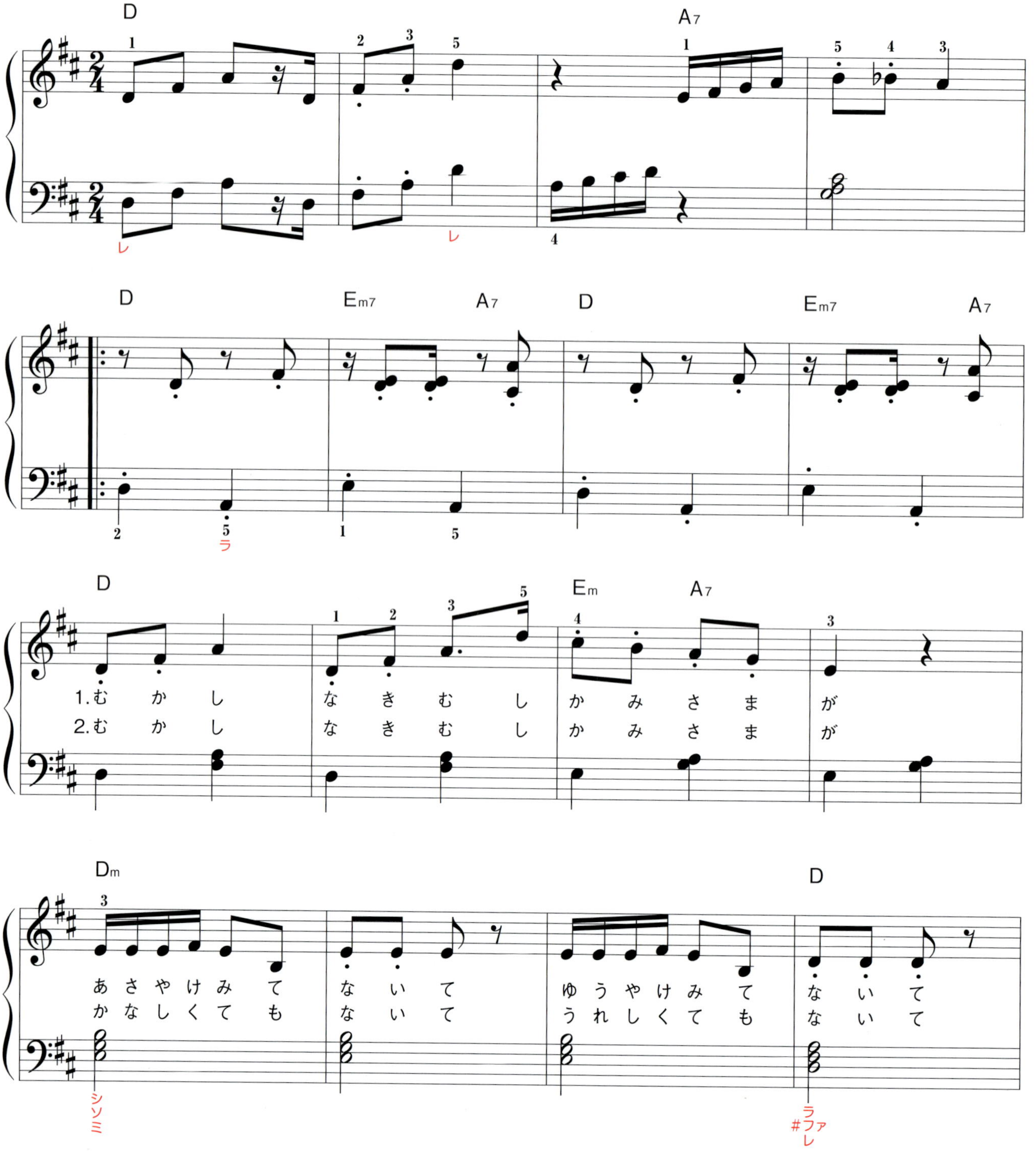

D A7
レ レ
D Em7 A7 D Em7 A7
ラ
D Em A7
1.むかし なきむし かみさまが
2.むかし なきむし かみさまが
Dm D
あさやけみて ないて ゆうやけみて ないて
かなしくても ないて うれしくても ないて
シソミ
ラ #ファ レ

F♯ Bm
＊1
まっ かな な み だ が ポロン ポロン
すっ ぱい な み だ が ポロン ポロン
#ラ
#ファ
レ
Em F
きい ろい な み だ が ポロン ポロン
あ まい な み だ が ポロン ポロン
A7 D F♯m Bm
そ れ が せ か い じゅ う に ち ら ばっ て
シ
Em D A7 D
い ま で は ド ロッ プ ス ー
ラ

＊1 グリッサンド（glissando）音符間を素早く滑らせるように

*2 フェルマータ (fermata) 音符または休符を十分に延ばす。延長記号

大好き!
な曲

ギュギュギュ

作詞：佐藤千賀子　作曲：佐藤千賀子

右手と右手でお友だちと握手ができるかな？たくさんのお友だちと仲良く握手であいさつしてみましょう。輪になり、１人が中でスキップ。「はじめまして〜」お友だちの前に立ちどまって握手。「となりの〜」となりの子と握手。握手した相手は最後の４小節の間、スキップして新しいお友だちをみつけます。

楽しく ♩=104

C7 F B♭/F F F C7
はじめまして ギュギュギュ なかよくあーくしゅ
F F7 B♭ C7 F B♭/F F
ギュギュギュ となりのひととも ギュギュギュ なかよくあーくしゅ ギュギュギュ
F Gm C7 F B♭/F F

大好き!
な曲

とんでったバナナ

作詞：片岡 輝　作曲：桜井 順

次々に場面や登場するキャラクターが変わっていく、テンポのよい楽しい歌です。南の島での出来事をイメージしながら、明るく元気に歌ってみましょう。

G　G7　C　C
F　C　F　C
F6　Em　Dm
弾ける方は
このように
コードCの場合(例)
1. バナナがいっぽん　ありました　あおいみなみのそらのした
2. ことりがいちわ　おりました　やしのこかげのすのなかで
3. きみはいったい　だれなのさ　ことりがバナナをつつきます
4. ワニがいっぴき　おりました　しろいしぶきのすなはまで
5. ワニとバナナが　おどります　ポンポコツルリンポンツルリン
6. おふねがいっそう　うかんでた　おひげはやしたせんちょうさん
こどもがふたりで　とりやっこ　バナナはツルンと
おそらをみあげた　そのときに　バナナがツルンと
これはたいへん　いちだいじ　バナナがツルンと
おどりをおどって　おりますと　バナナがツルンと
あんまりちょうしにのりすぎて　バナナはツルンと
グーグーおひるね　いいきもち　おくちをポカンと

G C G C to Φ
とんでったバナナはどこへいったかな
とびこんだはねもないのにふんわりこ
にげだしたたべられちゃうなんてやなこった
とんできたおひさまにこにこいいてんき
とんでったバナナはどこへいったかな
あけてたらバナナがスポンととびこんだ
ソ ソ レ ソ シ シ
1. 2. 3. 4. 5.
C G C
バナナンバナナン バナーナ
レシソ ドソミ
6.
C
モグモグモグモグ
C F C
たべちゃった たべちゃった たべちゃった
ド ミ ソ ファ ラ ド

大好き!
な曲

にんげんっていいな

作詞：山口あかり　作曲：小林亜星

TBS系列テレビ番組『まんが日本昔ばなし』エンディングテーマ曲。「おしりをだしたこいっとうしょう」など、とても可愛いらしい歌詞です。作詞を担当した山口あかりは「愛するってこわい」など数々の歌謡曲の作詞でも知られています。

元気に明るく ♩=120
G　Am　D7　G　G
mf
mp
かなり跳ぶので省略してもいい
右手、左手のコンビネーションをキープして８ビートをしっかり
G　C
1.くまのこみていた　かくれんぼ
2.もぐらがみていた　うんどうかい
G　D7　G
おしりをだしたこ　いっとうしょう
びりっこげんきだ　いっとうしょう
ゆうやけこやけで

C G D7 G
またあした またあした
Em7 Bm7 C
いいな いいな にんげんって
mp
この4小節は少し優しくおだやかに
Bm7 E7 C G
いいな
おいしいおやつに ほかほかごはん
みんなでなかよく ポチャポチャおふろ

*1 セーニョ（segno） *D.S.* からこの記号に戻り演奏する

A7 D7 G
こどものかえりを まってるだろな
あったかいふとんで ねむるんだろな
ぼくもかえーろ
mf
C G Am
to Φ *2
1.
D7 G
おうちへかえろ でんでんでんぐりかえって バイバイバイ
f
歌と合わせて
2.
D7 G B7
バイバイバイ
𝄋へ戻るための大事なコードです
歌と合わせて
D.S.*3
Φ Coda*4
D7 G
バイバイバイ
歌と合わせて

*2 D.S. でくり返されたあと、最後の Φ Coda に進む　*3 ダル・セーニョ（dal segno）𝄋 まで戻り、fine またはフェルマータまで演奏する
*4 D.S. でくり返されたあと、to Φ からとびます

大好き!
な曲

トマト

作詞：荘司 武　作曲：大中 恩

回文（「竹薮焼けた（たけやぶやけた）」のような、始めから読んでも逆から読んでも同じ音になる文句）が取り入れられており、言葉遊びのおもしろさが感じられる歌です。

可愛いらしく ♩=80
ちょっと風変わりで可愛いらしい曲です
C7 F F Gm
1.ト マ ト って
2.ト マ ト って
音の跳躍が難しければ
最初の音（C）は左手にするといい
ゆったり大きく
Bm Am Dm
か わ い い な ま え だ ね
な か な か お しゃ れ だ ね
う え か ら よん で も ト マ ト
ち い さ い とき に は あお いふ く
リズミカルに
Gm F6
し た か ら よん で も ト マ ト
お お き く なっ た ら あか いふ く
＊

＊ フェルマータ（fermata）音符または休符を十分に延ばす。延長記号

大好き! な曲

バスごっこ

作詞：香山美子　作曲：湯山 昭

現在のバスはワンマン運転がほとんどですが、以前は運転士と車掌が乗務するツーマン運転が多く見られました。車掌が切符を乗車客に発券し、客はバスを降りる時に、その切符を車掌に渡していました。

軽快に歯切れよく　♩=138

F
F
1.～3. おおがたバスに
ラ
ファ
ド
ファ2
ド5
元気に歯切れよく
イントロと同じノリで元気に
のってます
C7
F
きっぷをじゅんにわたしてね
いろんなとこがみえるので
だんだんみちがわるいので
ソ
ミ
♭シ
ソ
ファ
C7
F
C7
おとなりへ（ハイ）　おとなりへ（ハイ）　おとなりへ（ハイ）
よこむいた（ア）　うえむいた（ア）　したむいた（ア）
ごっつんこ（ドン）　ごっつんこ（ドン）　ごっつんこ（ドン）
ソ
ミ
♭シ
ソ
（遊び方によって）休符にしてもいい

F B♭ F
おとなりへ（ハイ） おわりのひとは
うしろむいた（ア） うしろのひとは
ごっつんこ（ドン） おしくらまんじゅう
♭シ ファ レ
1 4 5 ♭シ
C7 F
ポケットに！
ねーむった！
ギュッギュッギュウ！
ソ ミ ♭シ
ド ファ
C7 F
ソ ミ ♭シ
ド ミ
ラ ド
ド 1 ファ

大好き!
な曲

ホ!ホ!ホ!

作詞：伊藤アキラ　作曲：越部信義

NHK テレビ番組『おかあさんといっしょ』で放映された 1970 年代の代表曲のひとつです。軽やかなメロディーがとても楽しい気持ちにさせてくれます。

楽しく ♩=120
注意!
カントリーウェスタン調の気分で弾いてみましょう
シンコペーション（強拍と弱拍の位置をずらしリズムを変化させる）をしっかり弾く
C Am7 Dm7 G7 C
Am Dm7
G7 C C Am
1. た の し い メ ロ ディ わ す れ た と き は よ ん で み よ う よ あ お ぞ ら に ー
2. あ い た い ひ と に あ い た い と き は よ ん で み よ う よ そ の な ま え ー
3. き の う の な み だ け し た い と き は よ ん で み よ う よ あ す の そ ら ー
ホ ホ ホ ホ ユーレユーレユーレユーレ ホ ホ ホ ホ

Dm7 G7 C Am7 B7 Em7 G7
ユーレユーレユーレユーレ
かえってくるよ あのメロディーが
かえってくるよ あのほほえみが
どこかでだれかが きーいーている
C Am Dm7 G7
ホホホホ ユーレユーレユーレユーレ ホホホホ ユーレユーレユーレユーレ
よんでみ
よんでみ
よんでみ
1. 2.
3.
Am7 C Dm7 G7 C Dm7 G7 C G7 C
ようよ あおぞらに
ようよ そのなまえ
ようよ あすのそら
*

＊ フェルマータ（fermata）音符または休符を十分に延ばす。延長記号

ぼくのミックスジュース

作詞：五味太郎　作曲：渋谷 毅

日本国内だけでなく、海外でも人気の高い絵本作家である五味太郎が作詞。みんなミックスジュースにして飲んでしまおうと歌っているのを聞くと、元気がでてきますね。

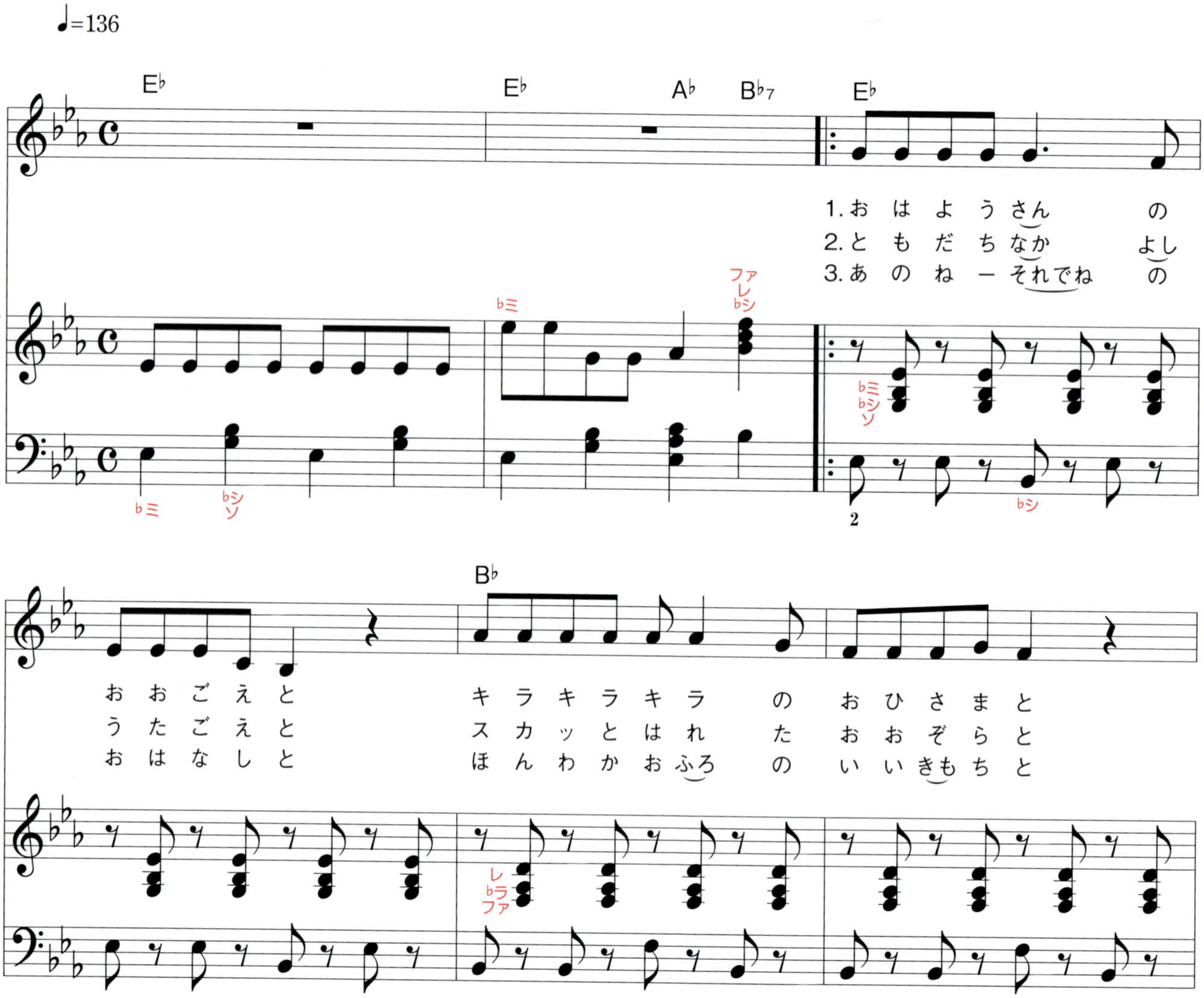
♩=136
E♭
E♭ A♭ B♭7
E♭
B♭
1.おはようさんの おおごえと キラキラキラの おひさまと
2.ともだちなかよし うたごえと スカッとはれた おおぞらと
3.あのねーそれでねの おはなしと ほんわかおふろの いいきもちと
♭ミ
ファ レ ♭シ
♭ミ ♭シ ソ
♭ミ ♭シ ソ
♭シ
レ ♭ラ ファ

弾ける方はこのように

E♭ E♭7 A♭ E♭ B♭7
それにゆうべの こわいゆめ みんなミキサーに
それにけんかの べそっかき みんなミキサーに
それにひざこぞうの すりきずを みんなミキサーに
E♭ *1 A♭
ぶちこんで あさは
ぶちこんで あひるは
ぶちこんで よるは
ミックスジュース
弾ける方はこのように
A♭ E♭7
ミックスジュース ミックスジュース

*1 フェルマータ (fermata) 音符または休符を十分に延ばす。延長記号

 *2 アルペッジョ（arpeggio）和音の各音を同時にではなく、順番に演奏する奏法

大好き! な曲

ふしぎなポケット

作詞：まど・みちお　作曲：渡辺 茂

1954（昭和29）年『保育ノート』に掲載されました。作詞者のまど・みちおは、童謡のほかにも多くの絵本作品を残し、その独自の表現は子どもから大人まで広く共感を得ています。「ビスケットが増えたらいいな」という子どもらしい発想は、いつの時代も不変のものですね。

♩=95
B♭ C7 F F
1.ポケットのなかには ビスケットがひとつ ポケットをたたくと ビスケットはふたつ
2.もひとつたたくと ビスケットはみっつ たたいてみるたび ビスケットはふえる
左手のキープが難しい場合は
このような形もOKです
B♭ C7 F F B♭ C7 F C7 F
そんなふしぎな ポケットがほしい そんなふしぎな ポケットがほしい

大好き！
な曲

南の島のハメハメハ大王

作詞：伊藤アキラ　作曲：森田公一

1976（昭和51）年NHKテレビ番組『みんなのうた』に「ハメハメハ大王」として発表されました。実在するハワイ諸島のカメハメハ大王と混同されたりもしましたが、歌われているのは作詞者によって作り出された大王のようです。

明るく陽気に　♩=115

F
Gm
C7
mf
レ
ド
ラ
ファ
レ
♭シ
ソ
ド
♭シ
ミ
F
C7
F
1.みなみのーしまの　だいおうは
2.みなみのーしまの　だいおうは
3.みなみのーしまの　だいおうは
4.みなみのーしまに　すむひとは
ドド
ファ
ド
ラ
ド
ファ
5度*1にせず、ルート音（根音《こんおん》）*2のままでもいい

*1 音程を表す単位。同じ高さにある音どうしを1度（同度）、隣り合った音は2度と数える　*2 和音を構成している1番下の音

Gm
C7
F
そのないだいなハメハメハ
じょおうのなまえもハメハメハ
こどものなまえもハメハメハ
だれでもなまえがハメハメハ
ローマーンチックない
とてーもやさしい
がっこうぎらいの
おぼーえやすいが
レ
♭シ
ソ
ミ
♭シ
ソ
ファ
ド
ラ
ソ
ソ
ファ
Gm
おうさまで
おくさんで
こどもらで
ややこしい
かぜのすべてが
あさひのあとで
かぜがふいたら
あうひとあうひと
かれのうた
おきてきて
ちこくして
ハメハメハ
ファ
ド
ラ
ソ
レ
♭シ
ファ
ソ
C
C7
F
F
ほしのすべてが
ゆうひのまえに
あめがふったら
だれでもだれでも
かれのゆめ
ねてしまう
おやすみで
ハメハメハ
ハメハメハ
ミ
♭シ
ソ
ファ
ド
ラ
ド
ラ
ファ
ファ
歯切れよく
ペダルを使いましょう

*3 フェルマータ (fermata) 音符または休符を十分に延ばす。延長記号

やまのワルツ

作詞：香山美子　作曲：湯山 昭

「あめふりくまのこ」「おはなしゆびさん」などでも知られる湯山 昭が作曲。湯山は童謡のみならず、器楽曲、合唱曲、歌曲などでも多数の楽曲を発表しています。代表作のひとつである『お菓子の世界』はベストセラーとなり多くの人々に愛され続けています。

左手の伴奏を常にこのように意識して弾くとワルツのリズム感が出ます

大好き!
な曲

勇気100%

作詞：松井五郎　作曲：馬飼野康二

NHKテレビ番組『忍たま乱太郎』のオープニングテーマとして放送されました。「男と女のラブゲーム」など、多くのヒット曲で知られる馬飼野康二が作曲。馬飼野は、歌謡曲、CM、テレビ・映画など幅広く活躍している人物です。

元気に ♩=114
Dm7 G7 C Am7 Dm7 G7(♭9)
C
C Cmaj7/B Am Em/G
1.がっかりして めーそめそして
2.ぶつかったり きーずついたり
両手のコンビネーションが難しければ、左手はシンプルにしてもいい
Fmaj7 Em7 Dm7 G7 C Am7
どうしたんだいー たいようみたいにーわらうき
すればいいさー ハートがもえていーるならこ

Dm7 G7 C Cmaj7/B Am Em/G
みはどこだいー ウォウウォウ やりたいことやっーたもんがち
うかいしないー ウォウウォウ じっとしてちゃはーじまらない
Fmaj7 Em7 Dm7 G7 C Am7
せいしゅんならー つらいときはいつーだって そば
このときめきー きみとおいかけてーゆける かぜ
Dm7 Bm7(♭5) E7(♭9) Am7 Em7
にいるからー ゆめはでかくなけりゃ
がすきだよー きのうとべなかった
mf

E7 Am7 Fmaj7 D7
つ ま ら ない だろう むねをたたいて ぼう けん
そ ら が あるなら いまあるチャンス つか んで
F/G G7 ＊1 C G/B
し よう ヘイ ヘイ そう さ ひゃくパー セントゆーうき もう
み よう ヘイ ヘイ そう さ ひゃくパー セントゆーうき さあ
右手の８分音符を淡々としっかり弾くことで、
歌のドラマチックさが引き立ちます。粒立ちよく
Am Em/G F C Am7
がんばるしかなーいさ このせかいじゅうのげんき だき
とびこむしかなーいさ まだなみだだけでおわる とき

＊1 セーニョ (segno) *D.S.* からこの記号に戻り演奏する

F G7 C G/B
しめながらー そうさ ひゃくパー セントゆーうき もう
じゃないだろうー そうさ ひゃくパー セントゆーうき もう
Am Em/G F C Am7
やりきるしかなーいさ ぼくたちがもてるかがやき えい
ふりむいちゃいけーない ぼくたちはぼくたちらしく どこ
Dm7 G7 to Φ *2 Cadd9 C 1. F/G G7
えんにわすれないでね
までもかけてゆくのさ
mf

*2 D.S. でくり返されたあと、最後の Φ Coda に進む

2.
Bm7(♭5) E7(♭9) Am7 Em7 E7 Am7
たとえ さみし すぎる よるが きたって
ファ レ ラ　ファ レ #ソ　ミ ド ソ　レ シ ソ　レ シ #ソ　ミ ド ソ
mf
シ　4 ミ　1 ラ　ミ
Fmaj7 D7 F/G G7
あたらしいあさ かならず くるさ そうさ
ミ ド ラ　#ファ ド ラ
ファ　レ　ソ
D.S.*3
サビへ戻ります
Coda*4
Cadd9 C F/G G7 Cadd9
いでね
rit.*5
*6 *7
ソ ミ レ　シ ファ レ

*3 ダル・セーニョ（dal segno） 𝄋まで戻り、fine またはフェルマータまで演奏する　*4 *D.S.* でくり返されたあと、to 𝄌 からとびます
*5 ritardando（リタルダンド） だんだん遅く　*6 アルペッジョ（arpeggio） 和音の各音を同時にではなく、順番に演奏する奏法
*7 フェルマータ（fermata） 音符または休符を十分に延ばす。延長記号

編曲

佐藤千賀子

ありがとう・さようなら／さよならぼくたちのほいくえん／あわてんぼうのサンタクロース／さんぽ／そうだったらいいのにな／ドロップスのうた

小倉ゆういち

いぬのおまわりさん／おもちゃのチャチャチャ／おんまはみんな／おかあさん／かもつれっしゃ／かたつむり／きらきらぼし／ことりのうた／サッちゃん／しゃぼんだま／ゴリラのうた／線路はつづくよどこまでも／手のひらを太陽に／ぞうさん／ドレミのうた／森のくまさん／ぶんぶんぶん／メリーさんのひつじ／山の音楽家／夕やけこやけ／あくしゅでこんにちは／朝のうた／いもほりのうた／一年生になったら／おべんとう／思い出のアルバム／世界中のこどもたちが／はじめの一歩／ハッピー・バースデイ・トゥ・ユー／ BELIEVE ／豆まき／みんなともだち／チューリップ／はるがきた／うみ／つき／まっかな秋／お正月／アブラハムの子／あらどこだ／いとまき／おはなしゆびさん／カレーライスのうた／こぶたぬきつねこ／しあわせなら手をたたこう／手をたたきましょう／やきいもグーチーパー／アイ・アイ／アイスクリームのうた／朝いちばんはやいのは／ありさんのおはなし／アンパンマンのマーチ／おすもうくまちゃん／おばけなんてないさ／となりのトトロ／にんげんっていいな／トマト／バスごっこ／ホ！ホ！ホ！／ふしぎなポケット／南の島のハメハメハ大王／やまのワルツ／勇気 100%

東野 克

大きな古時計／かわいいかくれんぼ／こぎつね／すうじのうた／とけいのうた／とんぼのめがね／七つの子／めだかのがっこう／やぎさんゆうびん／ゆりかごのうた／おかえりのうた／おかたづけ／せんせいとおともだち／うれしいひなまつり／こいのぼり／ちょうちょう／はるのおがわ／たなばたさま／茶つみ／水遊び／きのこ／赤とんぼ／どんぐりころころ／まつぼっくり／紅葉／赤鼻のトナカイ／虫のこえ／北風小僧の寒太郎／ジングルベル／たきび／ゆき／アルプスいちまんじゃく／大きなくりの木の下で／げんこつやまのたぬきさん／ごんべさんのあかちゃん／とんとんとんとんひげじいさん／むすんでひらいて／あめふりくまのこ／大きなたいこ／かえるの合唱／うたえバンバン／おはながわらった／宇宙船のうた／大きい木／おつかいありさん／おなかのへるうた／たのしいね／小さな世界／とんでったバナナ／ぼくのミックスジュース

ギュギュギュ／原曲を掲載しております

やさしい楽譜の読み方

♪ 演奏するテンポ（早さ）

♩=90／メトロノーム記号といい、1分間に♩を90拍（回）刻む早さで演奏することを表します。

♩=90
A7
とん とん とん とん
ひ げ じ い さん
とん とん とん とん

♩=110／1分間に♩を110拍（回）刻む早さで演奏します。 ♫=♩♪ は楽譜の中の♫を♩♪（3連符）で演奏することを表します。

愉快に楽しく ♩=110 ♫=♩♪
C
3
ア ブ ラ ハ ム
に は
し ち にん の
こ

♪ 強弱記号

音の強弱の程度を表します。

弱

ppp	pianississimo	ピアニッシシモ	できるだけ弱く
pp	pianissimo	ピアニッシモ	ごく弱く
p	piano	ピアノ	弱く
mp	mezzo piano	メゾ・ピアノ	やや弱く
mf	mezzo forte	メゾ・フォルテ	やや強く
f	forte	フォルテ	強く
ff	fortissimo	フォルティッシモ	ごく強く
fff	fortississimo	フォルティッシシモ	できるだけ強く

強

♪奏法のしかた

スラー slur

音と音をなめらかに続けて演奏することを「レガート」(legato) といい、「スラー」と呼ぶ弧線をつけて表します。

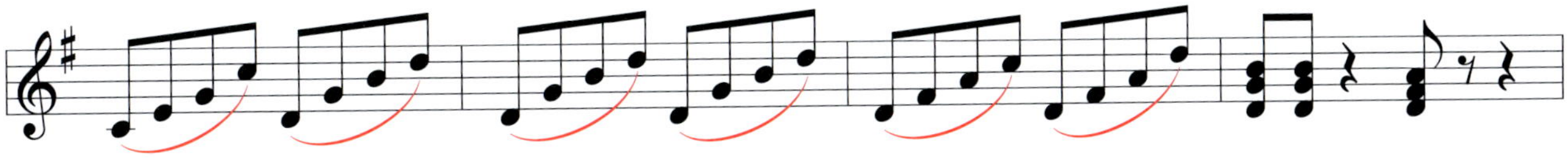

タイ tie

同じ高さの音を弧線で結ぶと「タイ」となり、つないで演奏します。

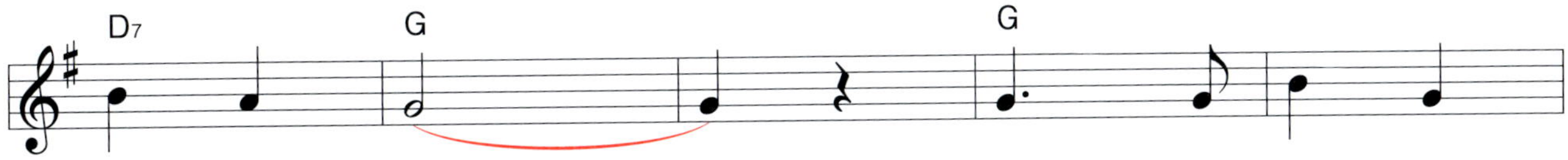

アクセント accent

とくに強く演奏する音符の上（または下）に「>」をつけます。

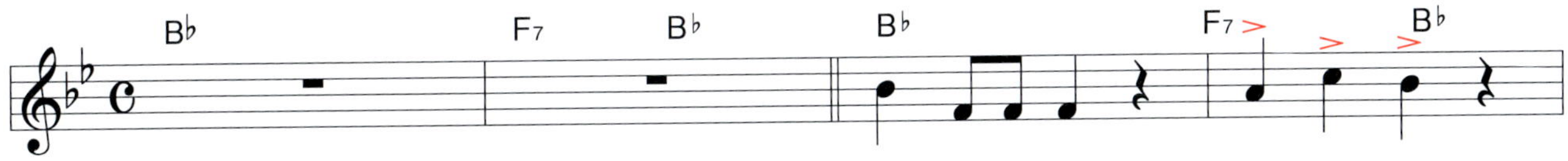

スタッカート staccato または stacc

音を短く切って演奏するとき、音符の上（または下）に「・」をつけます。

クレッシェンド crescend　と　ディクレッシェンド decrescend

「<」(クレッシェンド) はだんだん強く、「>」(ディクレッシェンド) はだんだん弱く演奏します。

テヌート tenuto または ten.

音符の長さを十分に保って演奏するときは、音符の上（または下）に「―」をつけます。

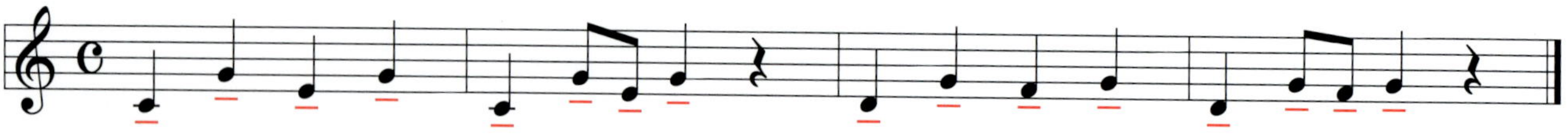

グリッサンド glissando または gliss.

高さの違うひとつの音からもうひとつの音へ、すべらせるように連続的に演奏することです。

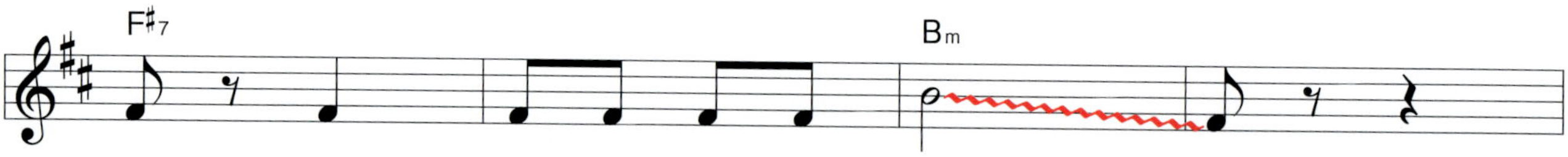

分散和音（アルペッジョ arpeggio）

和音を構成する音を低い方から高い方へ（または高い方から低い方へ）1 音ずつ演奏することをいいます。

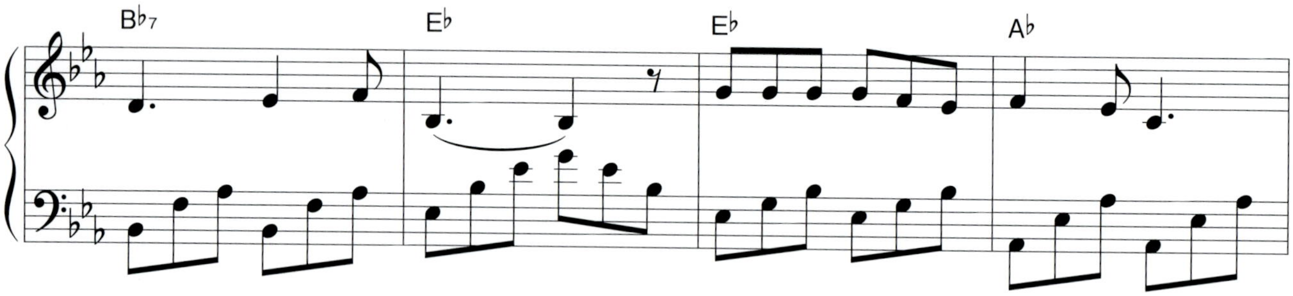

フェルマータ fermata

曲のテンポを超えて、音符や休符を十分に長くのばすときにその上（または下）に「𝄐」をつけます。

♪ くり返す記号

リピート記号（反復記号）

くり返す小節のはじめに「𝄆」を、終わりに「𝄇」を表記します。曲のはじめからくり返すときは、「𝄇」だけを表記します。

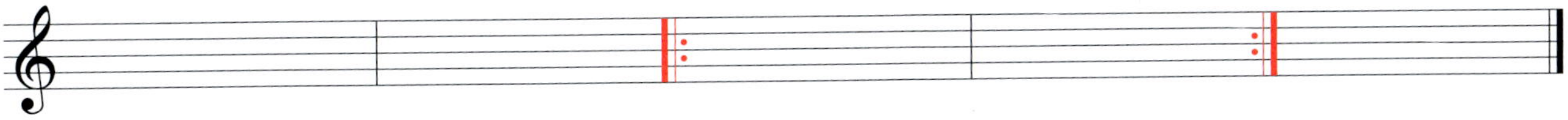

くり返す小節の終わりの部分が違うときは、1.（1回目に演奏）、2.（2回目に演奏）を表記して区別します。

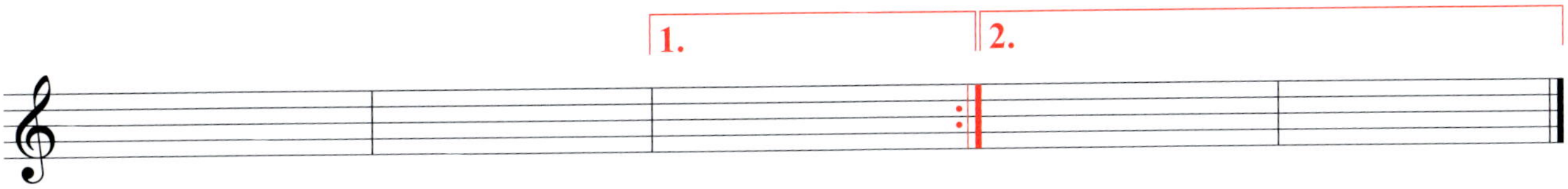

以下のようなときは、2回くり返し、3回目に 3. を演奏することになります。

D.C.（ダ・カーポ da capo）

D.C. のところで曲のはじめに戻り、「Fine」（フィーネ）または「𝄐」で終わります。

D.S.（ダル・セーニョ Dal Segno）

D.S. のところで「𝄋」まで戻り、「Fine」（フィーネ）または「複線上の𝄐」で終わります。

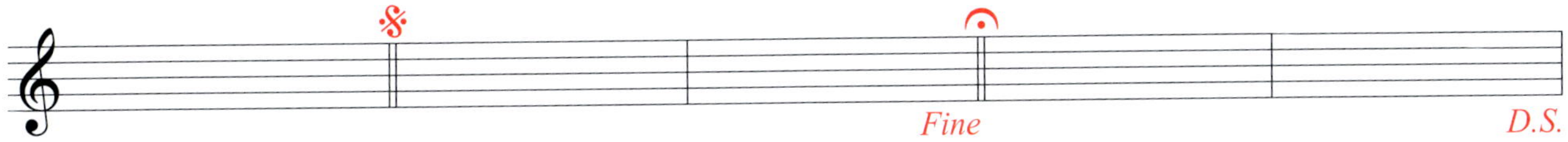

Coda 𝄌（コーダ）

D.C. または D.S. でくり返した後、to 𝄌 から 𝄌 Coda へと進みます。

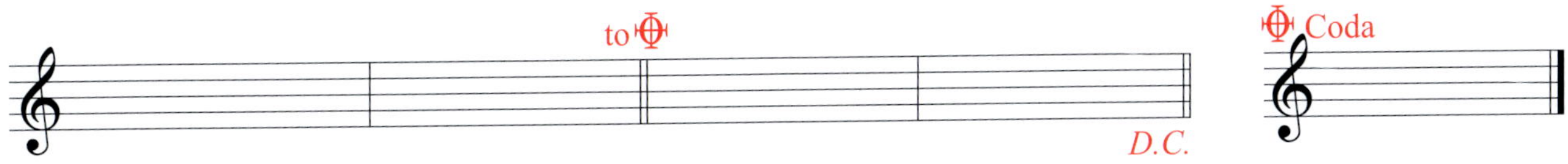

音階の上にできるコード

♪長音階

ハ長調

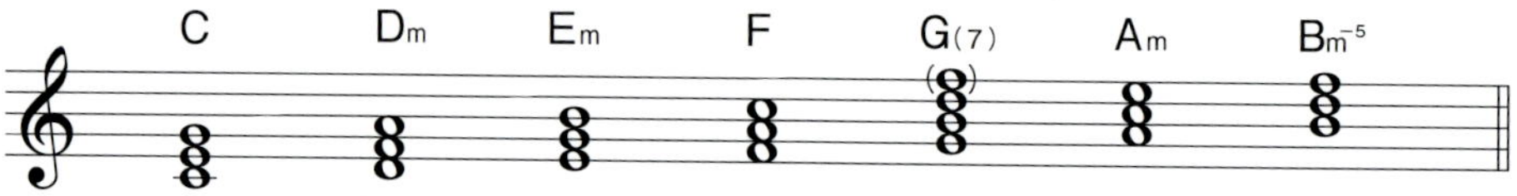
C
Dm
Em
F
G(7)
Am
Bm-5

ヘ長調

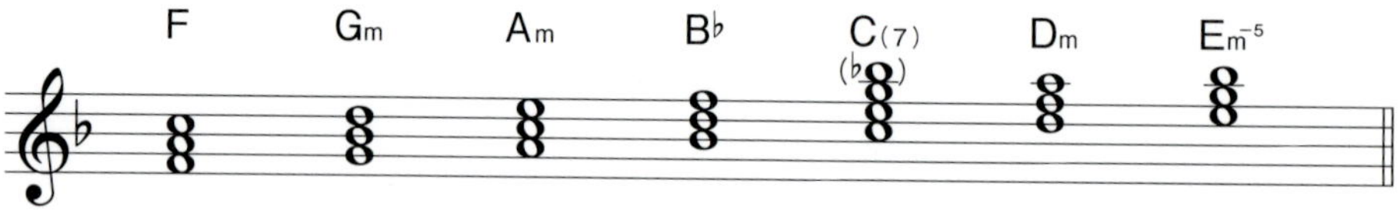
F
Gm
Am
B♭
C(7)
Dm
Em-5

変ロ長調

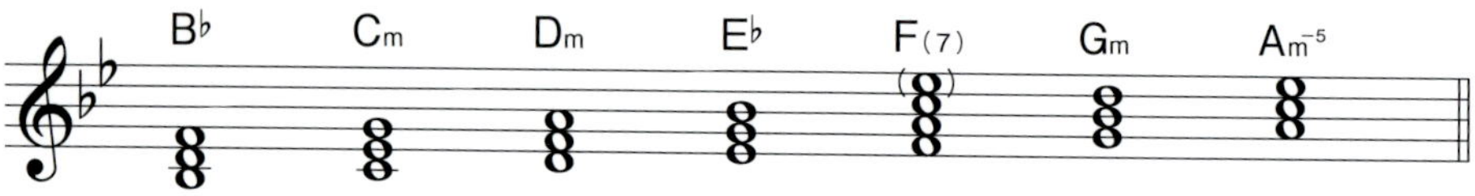
B♭
Cm
Dm
E♭
F(7)
Gm
Am-5

変ホ長調

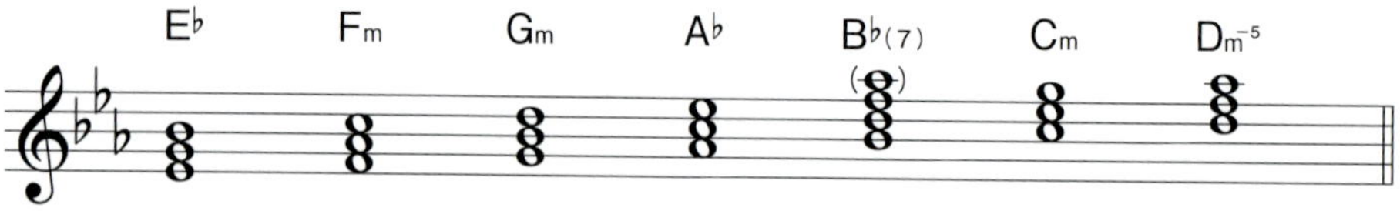
E♭
Fm
Gm
A♭
B♭(7)
Cm
Dm-5

ト長調

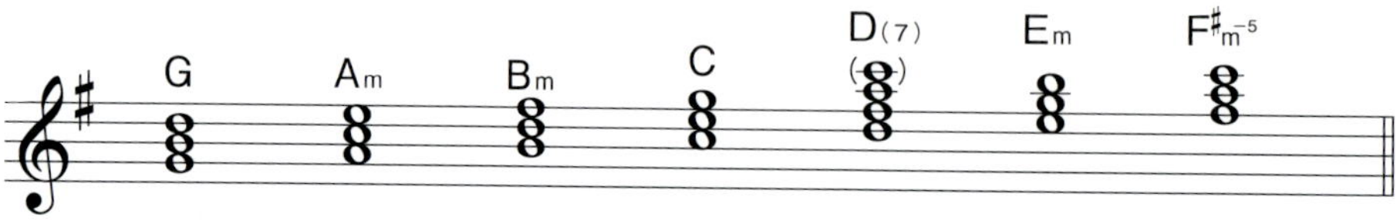
G
Am
Bm
C
D(7)
Em
F♯m-5

ニ長調

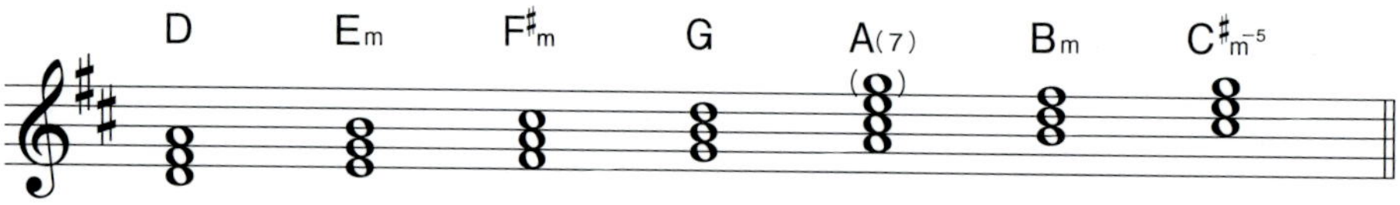
D
Em
F♯m
G
A(7)
Bm
C♯m-5

イ長調

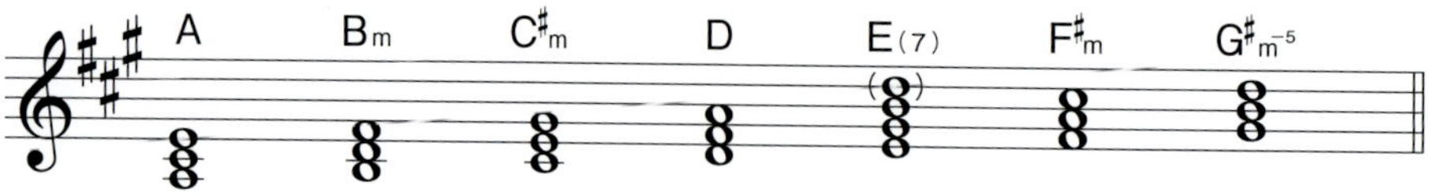
A
Bm
C♯m
D
E(7)
F♯m
G♯m-5

♪短音階

イ短調

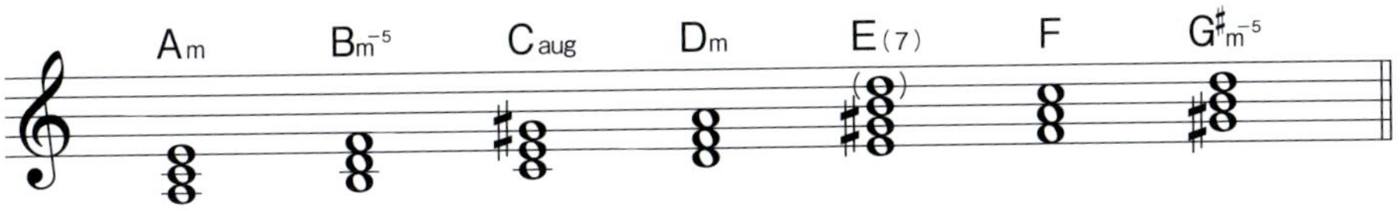

ニ短調

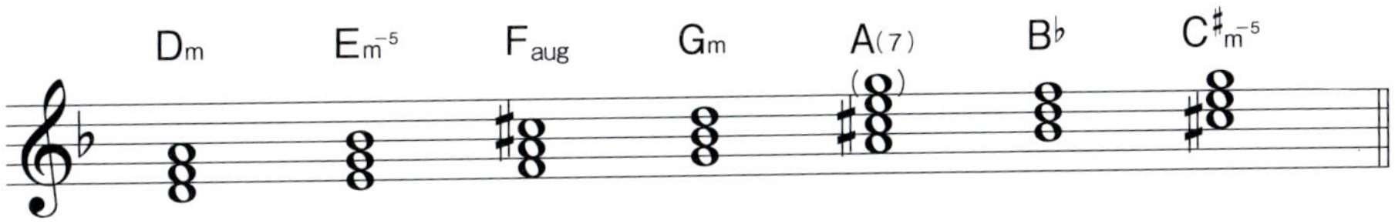

ト短調

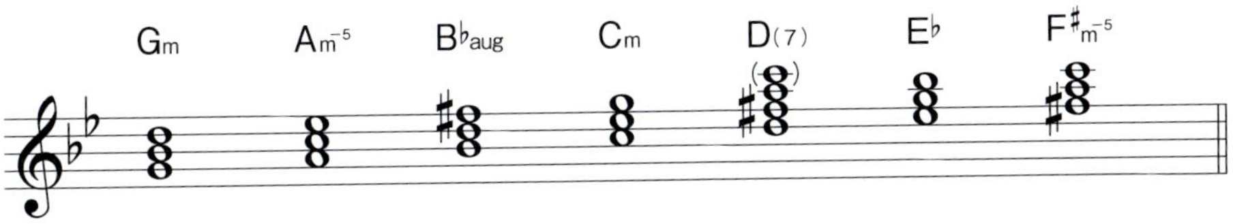

ハ短調

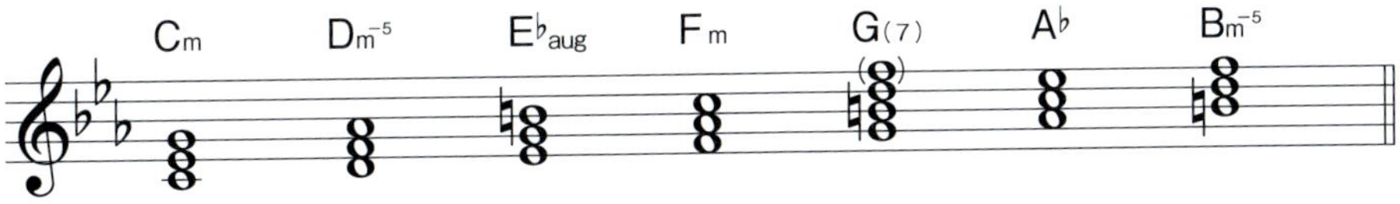

ホ短調

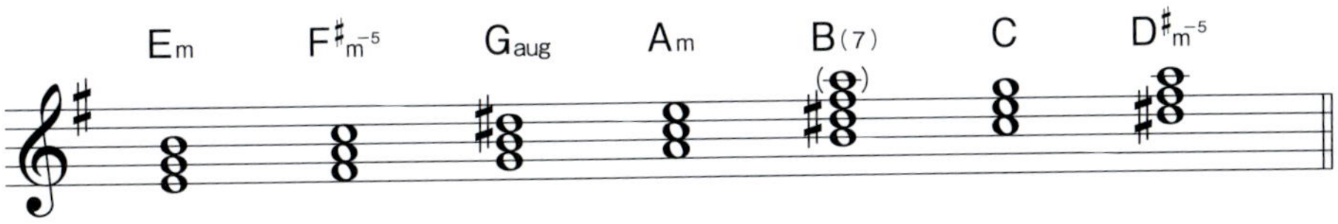

ロ短調

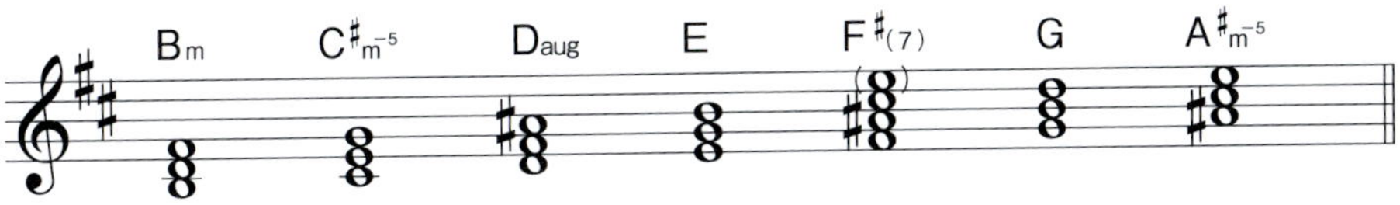

嬰ヘ短調

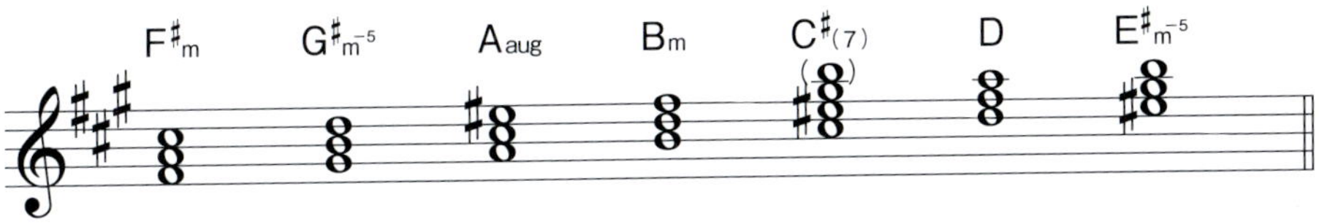

50音順 さくいん

歌い出し さくいん

選曲

佐藤千賀子（さとう ちかこ）

国立音楽大学教育音楽学科卒。現在、道灌山学園保育福祉専門学校講師。
幼稚園・保育園 音楽講師。
保育士の研修会、講習会をはじめとして、園での子供達への直接指導を行っている。

編曲

小倉ゆういち（おぐら ゆういち）

慶應義塾大学文学部美学美術史卒。布施 明や松田聖子などのCD、映画・テレビ・CMなどの楽曲を多数手がける。ウクレレ奏者 大輪好男のバンドではジャズ～ハワイアンが融合したアメリカ音楽を追求している。子ども向けコンテンツでは、Web絵本「ストーリーゲート（So-net）」やTV番組「KONISHIKI えいご大陸（スカパー！）」などを手がけている。日本音楽著作権協会会員。

編曲

東野 克（とうの かつ）

尚美音楽大学作曲部電子音楽学科卒。R&B、ファンク、メロディックニューソウルをベースに繊細でPOPなメロディーを奏でるシンガーソングライター。ピアノ弾き語りスタイルでパフォーマンスする。演奏活動の他、虫プロダクション制作アニメスペシャル「トキ」音楽監督、東宝全国劇場映画「あらしのよるに」作曲など幅広く活躍している。

本書の内容に関するお問い合わせは、書名、発行年月日、該当ページを明記の上、書面、FAX、お問い合わせフォームにて、当社編集部宛にお送りください。電話によるお問い合わせはお受けしておりません。また、本書の範囲を超えるご質問等にもお答えできませんので、あらかじめご了承ください。
FAX：03-3831-0902
お問い合わせフォーム：http://www.shin-sei.co.jp/np/contact-form3.html

落丁・乱丁のあった場合は、送料当社負担でお取替えいたします。当社営業部宛にお送りください。
法律で認められた場合を除き、本書からの転写、転載（電子化を含む）は禁じられています。代行業者等の第三者による電子・データ化及び電子書籍化は、いかなる場合も認められていません。

JASRAC 出1002228-815

やさしく弾ける 保育のピアノ伴奏
2018年6月5日　発　行
編　者　新星出版社編集部
発行者　富永靖弘
印刷所　誠宏印刷株式会社
発行所　東京都台東区台東2丁目24　株式会社 新星出版社　〒110-0016 ☎03(3831)0743

©SHINSEI Publishing Co.,Ltd.　　Printed in Japan

ISBN978-4-405-07126-1